実践的な特別支援を学びたい方へ

障害児保育ワークブック

インクルーシブ
保育・教育をめざして

星山麻木 編著

Houbunshorin

はじめに

　このワークブックは、保育者をはじめとして、保護者、子育て支援や療育にかかわる方、教員など、特別な支援・療育を本気で学びたいと願うすべての方を対象に書かれています。

　現在、保育・教育・医療・保健・福祉など、支援者同士の連携が大切とされています。一人ひとりの子どもと家族に対して、心のこもった、ていねいな特別支援を可能にするためには、子育てにかかわるすべての大人が支援の基本について学ぶことが必要です。

　そこで、どなたにでもわかりやすく、ワークを通して楽しく学べる実践的なテキストにしました。前半では特別支援の意味、発達の基礎、障がい特性などを理解し、後半では具体的な支援の方法について学んでいける構成になっています。

　日本では長年、障がいがあると診断された子どもを対象として、障がい児保育という概念のなかで知識や支援方法を学んできました。ところが近年、障がいが軽度の子どもや発達障がいの子どもが保育所や幼稚園に多く在籍しているため、診断がなくても、支援を必要とする子どもの支援を理解しておく必要があります。

　文部科学省による 2022 年度の調査では、通常学級にいる学齢児のうち約 8.8％が特別な支援を必要とするという結果でした。乳幼児についても同じ、あるいはもっと多くの支援を必要とする子どもがいることでしょう。現在、日本中の子ども、保護者、支援者が適切な支援やアドバイスを求めていると考えられます。そのような状況のなか、求められているのは心豊かな実践力のある支援者です。

　障がい児保育は "特別な支援を必要とする乳幼児のための保育" へと変化しました。特別な支援を必要とする乳幼児のための保育とは、"誰にでもわかりやすく、ていねいで個別に対応できる保育" という認識になりつつあります。

　特別支援教育は特別ではなく、人間を理解する教育です。一人ひとりの違いを認め、良さを引き出すとき、特別支援はどの子にも必要であることに気がつくでしょう。

　支援の必要な子どもは私たちに大切なことをたくさん教えてくれます。また、真摯に向き合えば自分が子どもの力で人として磨かれていく実感を得ることでしょう。

　障がい児保育は保育の原点です。支援の必要な子どもに出会って 30 年、ずっと学びつづけてきた経験と理論がみなさんの実践のお役に立てば幸いです。みなさんも人間理解の深い保育者を目指して、共に学んでいきましょう。

星山麻木

3

Contents

はじめに ……………………………………………………………………… 3
星と虹色な子どもたち …………………………………………………… 9

Lesson1　なぜ特別な支援が必要なのか

障がい児と保育……………………………………………………………… 12
障がい児から"特別な支援を必要とする子ども"へ ………………… 13
診断がついている子ども ………………………………………………… 15
　＊ワーク1　ダウン症の子どもについて考えよう …………………… 15
診断はついていないが、特別な支援を必要とする子ども ………… 16
　＊ワーク2　支援が必要だと感じる子どもについて考えよう ……… 17
家庭支援が必要な子ども ………………………………………………… 18
　＊ワーク3　行動が気になる子どもについて考えよう ……………… 18
その他の特別な配慮が必要な子ども …………………………………… 20

Lesson2　発達を理解する

「ふつう」って何だろう …………………………………………………… 24
あたりまえの思いやりと優しさを目指して──合理的配慮 ………… 25
　＊ワーク1　適切な支援について想像してみよう …………………… 26
「標準の発達」とは ………………………………………………………… 27
　＊ワーク2　自分の発達を振りかえってみよう ……………………… 29
発達の領域と発達検査 …………………………………………………… 30
　＊ワーク3　代表的な発達検査について調べてみよう ……………… 31

Lesson3　発達の違いを理解する

領域ごとに見た発達 ……………………………………………………… 34
発達検査の結果を読みとく ……………………………………………… 35
支援の第一歩 ……………………………………………………………… 39
子どもの発達はらせん状に伸びる ……………………………………… 39
子どもの将来に見通しと夢をもつ ……………………………………… 41
　＊ワーク　自分の良い素質と良い環境についてまとめよう ……… 41
私らしいペースで発達する ……………………………………………… 42

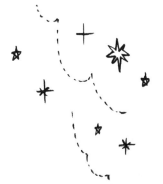

Lesson4　　障がいの特性を理解する(1)

肢体不自由 ··· 44
　＊ワーク1　肢体不自由のある子どもについて考えてみよう ·········· 45
知的発達症 ··· 46
　＊ワーク2　知的発達症のある子どもと会ってみよう ···················· 47
視覚障がい ··· 48
　＊ワーク3　発見してみよう ··· 48
聴覚障がい ··· 49
病弱・虚弱 ··· 50
重症心身障がい ·· 50
言語障がい ··· 52
Column　ドイツの「森の幼稚園」へ行きました ···································· 54

Lesson5　　障がいの特性を理解する(2)

発達障がいの定義 ·· 56
ASD(自閉スペクトラム症)の子ども ·· 56
知的発達症のない ASD の子ども ··· 60
言語の遅れがない ASD について ··· 61
　＊ワーク1　知的発達症のないASDの子どもについて考えてみよう ······· 61
ADHD(注意欠如多動症)のある子ども ·· 64
　＊ワーク2　ADHDのある子どもについて考えてみよう ···················· 66
LD(限局性学習症)のある子ども ··· 67
　＊ワーク3　LDのある子どもについて考えてみよう ························· 67

Lesson6　　支援方法を理解する　1. 心の支援

支援の5つの視点 ··· 70
心を支える ··· 71
心の育ちを支える自尊感情 ·· 74
　＊ワーク1　自尊感情について考えてみよう ································· 75
　＊ワーク2　自分の自尊感情を育むために ···································· 77

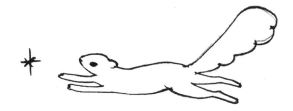

Lesson7　**支援方法を理解する　2. 発達論による支援**

発達論による支援のアプローチ ──────────────── 80
スモールステップで支援する ──────────────── 81
　＊ワーク1　スキップができるように支援してみよう ──────── 82
「みんなと同じ」を求めない ──────────────── 83
　＊ワーク2　洋服のボタンがはめられるようにサポートしよう ──── 84
Column　おすすめ映画『星の国から孫ふたり』 ──────── 86
Column　保護者にどのようにして伝えるか ──────────── 86

Lesson8　**支援方法を理解する　3. 行動への支援**

行動を支える ─────────────────────── 88
困った行動の意味を考える ──────────────── 88
　＊ワーク1　困った行動の意味を考えよう(1) ─────────── 89
正しいコミュニケーション方法を教える ──────────── 90
　＊ワーク2　困った行動の意味を考えよう(2) ─────────── 90
ほめ方・叱り方 ────────────────────── 92
ケーススタディ ────────────────────── 94
　＊ケース　片づけをしない男の子 ──────────────── 94
Column　ほめ方も子どもに合わせて ───────────── 96

Lesson9　**支援方法を理解する　4. 環境調整による支援**

環境調整による支援 ────────────────── 98
物や時間の調整 ────────────────────── 98
「構造化」でわかりやすい環境を整える ─────────── 99
ケーススタディ ───────────────────── 102
　＊ケース1　おもちゃを独り占めしてしまう子 ────────── 102
　＊ケース2　見通しがもてずに不安で行動ができない ─────── 103
　＊ワーク　子どもの認知に応じた構造化を検討しよう ─────── 105
Column　居場所づくりを考える──リソースルーム ────── 107
Column　特別な支援を必要とする子どもが大好きなもの ─────── 108

Lesson10　**支援方法を理解する　5. 周囲の人の連携による支援**

周囲の人の連携 ……………………………………………………… 110
　＊ワーク　サポートネットを書いてみよう ……………………… 111
横のつながりと縦のつながり ……………………………………… 113
欧米の支援システム ………………………………………………… 114
子どものためのサポートネットづくり …………………………… 117
小学校へのつなぎかた ……………………………………………… 120
就学後はどこで学ぶ？ ……………………………………………… 120
Column　自立活動 …………………………………………………… 122

Lesson11　**支援の方法を考える実践ワーク**

支援の実際 …………………………………………………………… 124
1　得意なこと・伸ばしたいこと …………………………………… 126
2　自尊感情への配慮 ………………………………………………… 127
　＊ワーク　自分を大切にする気持ちを育てよう ……………… 127
3　感覚の違いへの配慮 ……………………………………………… 128
4　コミュニケーション ……………………………………………… 131
5　集団適応 …………………………………………………………… 133
6　生活の支援 ………………………………………………………… 134
7　運動の支援 ………………………………………………………… 135
8　学習の支援 ………………………………………………………… 135

Lesson12　**個別の教育支援計画をつくる**

個別の教育支援計画とは …………………………………………… 138
個別の教育支援計画を作成する　Ⅰ フェイスシート ………… 140
個別の教育支援計画を作成する　Ⅱ サポートシート ………… 141
支援して検証する …………………………………………………… 142
記録を取る …………………………………………………………… 142

Lesson13　ケーススタディ

ケース１　急に泣き出してしまうのはなぜ ……………………… 144
ケース２　グループ活動に入れない！ …………………… 146
ケース３　本を読むのが大好き …………………… 147
ケース４　一人で遊ぶのが好き？ …………………… 148

Lesson14　保護者支援と今後の課題

特別な支援を必要とする子どもの親の気持ち …………… 152
保護者支援はどのように進めるのか ……………… 153
保護者支援の実践例 ……………… 154
＊ワーク１　支援が必要な子の家族への支援を考えよう………… 156
自分を大切に思えるよう、自分のことが理解できる子どもに育てる 156
ユニバーサルデザインを取り入れる ……………… 157
＊ワーク２　ユニバーサルデザインを見つけよう……………… 157

おわりに　特別支援とは人間理解を深めること ……………… 160

切り取り式サポートシート集

星と虹色な子どもたち

子どもたちの特性を理解して、少数派の子どもたちを輝かせる支援を学ぼう

正義の味方
レッドくん

ボクは間違ったことはきらい！
突然、変更されるのも苦手なんだ。どうしてみんな、
ボクを仲間はずれにするのかわからないよ。
ボクは友達がたくさんほしい！

一番でないと気が済まない。記憶力に優れている。
自閉スペクトラム症（ASD）傾向　積極的なタイプ ➡ p. 56 〜 63

私の悩みは忘れ物ばっかりしてしまうことです。
今日も鍵を忘れて、おうちに入れません。宿題やっても
忘れてきちゃう。毎日遅刻して先生にもおとうさんにも
叱られてばかり。自信がまったくありません

忘れ物が多く、遅刻ばかりしている。
注意欠如多動症（ADD）傾向　不注意なタイプ ➡ p. 64 〜 66

心優しい
オレンジちゃん

**素早く動く
人情家**
イエローちゃん

授業はたいくつ。頭の中はおもしろそうなことでいっぱい!!
好きなことは、カナヘビ・工作・虫の図鑑を作ることと、
走り回ること。じっとしているのが苦手だから、
授業中はイスをガタガタさせてます。今日は避難訓練で
非常ベルを押してしまい、先生に怒られました。
頭にきたので、先生にかみつきました

動くのが大好き。ほとんど教室にいない。長い棒と虫が好き。
注意欠如多動症（AHD）傾向　多動なタイプ ➡ p. 64 〜 66

甘えん坊でさみしがりや。かまってくれないと
悪いことをして気を引きます。おとうさんとおかあさん、
二人とも好きじゃない。おなかいっぱい甘いもの食べたい。
いつもダルくて、疲れていて、
自分が生きてていいのか、よくわからない……

私を一番に見てほしい。見てくれないと反抗的になり、赤ちゃん返りする。
愛着障がい傾向 ➡ p.19

**いつもさみしい
甘えん坊**
パープルさん

ボクは学校がきらいで行きたくありません。
だって人がいるところは、うるさくて疲れるから。
でも「助けて！」と言えません。静かに図鑑を見ていたいです

陰に隠れてじっとしている。言われたことを完璧にする心配性。
自閉スペクトラム症（ASD）傾向　受動的なタイプ ➡ p.56〜63

きちんとしている
グリーンくん

わたしは一人が好き。一人で静かに本を読むことと、
白いごはんが好き。計算と記憶力は優れています。予定変更は
苦手です。あまり人と話したくないです。何かに夢中になると、
集中しすぎて時間がわからなくなってしまいます

一人の世界に没頭している。いつも本を読んでいる。
自閉スペクトラム症（ASD）傾向　孤立タイプ ➡ p.56〜63

孤高の天才
アクアさん

いつもニコニコしてるねって、みんな言うよ。
なんでもゆっくりだから時間がかかります。
お話はゆっくりだけど、とってもやさしいよ

何でもゆっくり。穏やかでおっとりしている。
知的発達症傾向 ➡ p.46〜48

いつもおだやか
ブルーくん

ゴールド
くん

耳が聞こえにくいので
補聴器をつけています。
口話や手話を使います

聴覚障がいがあります
➡ p.49〜50

プラチナ
くん

手足にマヒがあるので動きは
ゆっくりです。みんなが歩いて
いるときは車イスも使います

肢体不自由があります ➡ p.44〜45

シルバー
ちゃん

見えにくいので、
手で一つ一つさわって
確かめます

視覚障がいがあります ➡ p.48

  ★星と虹色な子どもたちがパペットの動画になりました。サポート方法の参考にぜひご覧ください。

LESSON *1*

なぜ特別な支援が必要なのか

現在、保育や子育て支援で
求められている
様々な支援の
ニーズについて学びます。

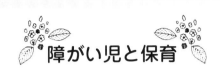

障がい児と保育

　みなさんは障がい児に出会ったことがありますか？

　将来、もし障がい児を担当することになったとしたら、あるいはわが子に障がいがあったとしたら、その子どもを幸せにできるでしょうか。

　ダウン症の子どもについて知っていますか？　以前、保険会社のコマーシャルで話題になった秋雪くんは、ダウン症です。ダウン症は先天的な心臓疾患を伴う場合があり、秋雪くんは6歳で亡くなりました。その間、ご両親に大切に見守られ、また、保育士をはじめとする大切に育ててくれる人々の輪のなかで、1年の命といわれながらも日々を大切に過ごしました。秋雪くんは私たちに、「人の幸せは生きる長さではないこと」「周囲の人に慈しまれながら、生きているその瞬間を豊かに生きることの深さと大切さ」を教えてくれます。

　　秋雪くんのことを紹介したCM　明治安田生命「あなたに会えて」シリーズ
　　「たったひとつのたからもの」篇
　　http://www.meijiyasuda.co.jp/profile/event/dear/2003/

　障がい児と聞くと、「かわいそう」「自分より劣っている」「知らないから怖い」などと否定的な存在として見てしまう人は、残念ながら子どもにかかわる人のなかにも、まだ多くいます。しかし、障がい児は、かわいそうでも劣っているわけでもありません。彼らはどんなに小さくとも、たとえ命が短くても、人間にとって本当に大切なことは何かを問いかけ、教えてくれる、かけがえのない存在なのです。

●障がい児保育の歴史

　日本では、長い障がい児保育の歴史がありますが、それでも日々、手探りの状態が続いています。とくに、乳幼児期からの積極的な早期支援方法については専門家も不足しており、多くの保護者や保育者も不安に思っています。反対に考えると、それだけ知識を求められている分野でもあり、新しく学ばれる方には期待も大きいといえるでしょう。

　そのようななか、滋賀県大津市は全国でも先駆的な取り組みをしてきました。1973年、大津市が通常の保育の場に障がい児を受け入れ、共に保育をする**統合保育**を始めたことをきっかけに、障がい児保育が全国に広がっていきました。1974年には、厚生労働省（旧厚生省）の「障害児保育事業実施要綱」が施行され、障がい児を受け入れる保育所に対して、具体的な法的措置が示されました。

　現在、障がい児保育というと、①障がい児だけを対象とする。②障がい児と健常児を合わせて保育する。この2つの形態があります。②の一般の保育所等で障がい児を保育する場合には、**加配**という制度があります。加配とは、自治体によって基準が異なりますが、軽度の障がい児3名に対して保育者1名、重度の障がい児1名に対して保育者1名の増員など、障がい児に対し、ていねいできめ細やかな保育をするうえでは欠かせない制度となっています。

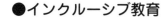

●インクルーシブ教育

　わが国には、視覚障がい、聴覚障がい、知的発達症、肢体不自由、病弱児、言語障がい、情緒障がい、重複障がいのある子どもに対する支援の歴史があります。また近年では、障がいのある子どもとない子どもを分けて教育するだけでなく、障がいのある子どもたちも保育所、幼稚園、学校、学童保育などで生活し、学習することも一般的になってきています。

　一方で、発達障がいのある子どもたちは見た目でわかりにくく、診断がなくても支援の必要な子どもが多くいます。そこで、障がいのあるなしにかかわらず、インクルーシブ（包み込む）する保育・教育の在り方が求められるようになりました。あの子は障がいがある子ども、あの子は障がいのない子どもと分けるより、まず支援を考えること、自分の心のなかにあるバリアを取り去ること、つまり私たちの心のバリアフリーが求められているのです。元来、地域には様々なニーズのある子どもが存在するほうが自然なこと、と考える時代になったということです。

“障がい児”から“特別な支援を必要とする子ども”へ

　日本は長いあいだ、障がい児に対して差別と偏見があった国です。たとえば、現在では差別用語として使ってはいけない言葉が多くあります。知的発達症児は半世紀以上、「精神薄弱児」と呼ばれてきましたし、その程度を「白痴」「痴愚」などという言葉で表現していました。

　では、現在でも多く使われている「障害児」という言葉について考えてみましょう。みなさんは「障害」という漢字に込められた否定的な意味合いについて考えたことがあるでしょうか。自分の子どもの名前に“害”という漢字を使う親がいないように、愛するわが子に障害児という言葉を使われて、穏やかな気持ちでいられる親はいないように思います。

　障がいとは、脳の機能障がいを指しています。しかし、「障害児」と書くと、知らない人にはまるで「害のある子ども」という意味にもとれます。そこで、近年は「障がい」とひらがなにしたり、「障碍」と書くことが多くなりました。米国などでは、障がい児（者）のことを“挑戦する人”という意味で「チャレンジド」と呼ぶこともあります。そこには人生に対する前向きなエールの気持ちが込められています。

　日本でも2003年に文部科学省が、「障害児教育」から「特別支援教育」へ移行する考えを打ち出しました。以降、「障害児」ではなく、「特別な支援を必要とする子ども」と称するようになります。また、これは障がいのある子どもとない子どもを区別するのではなく、子どもは本来、障がいのあるなしにかかわらず、「支援が必要なときに支援を受ければよい」という理念に転換したことを意味しています。

　「障がいは差別されるものではなく、支援こそ大切である」。このことの意味について、こ

れから深く学んでいきましょう。本書でも障害児と記さずに「障がいのある子」もしくは「特別な支援を必要とする子ども」という用語を使い、学んでいきたいと思います。

文部科学省HP　http://www.mext.go.jp/
「今後の特別支援の在り方について（最終報告）」2003 年3 月28 日答申

●特別な支援を必要とする子どもとは？

　障がい児から特別な支援を必要とする子どもに転換したことにより、支援の対象児は広がりました。近年では、集団のなかになかなか入れない、すぐ大声を出したり叩いたりする、一言もしゃべらない、など家ではとくに問題がないのに集団適応がうまくいかない子どもの数が急増しています。障がい児と診断されていない、少し気になる子どもや、支援を必要とする子どもも増えています。

　子どもたちは一人ひとり個性があります。たとえ問題行動を繰りかえす子どもであっても、それが脳の障がいか、個性か、その判断は一見しただけでは専門家であっても難しいとされています。一方、たとえばダウン症であるかどうかは、染色体の検査をすればわかります。そして、診断名がついていれば、「この子の支援を優先的にしなければならない」「ていねいに保育しなければならない」と周囲の人が理解することができます。

　しかし診断がなければ、少し違った行動をする子どもを見るたびに「この子は障がい児なのだろうか？　そうではなくて、ただのわがままなのだろうか？」とわからなくなって、つい叱ってしまいます。

●保護者のとまどい

　日本では、長きにわたり障がいのある子どもと、ない子どもを分けて教育してきました。障がいがあると診断されると、教育を受ける権利がないと考えられていた時代もあり、保育所や幼稚園、学校で学ぶ機会が得られるようになったのは、ごく最近のことです。

　また、現在でも、障がいのある子どもは隔離されるべきだと考える差別意識が人々の心のなかに根深く残っています。日本の特別支援に対する意識はまだ発展途上にあります。

　このような状況のなか、愛する子どもに障がいがあると診断されることは、保護者にとって大変な不安やストレスとなります。多くの保護者は、わが子の行動や発達が気になったとしても、早期に診断を受けて支援を受けることに対して、恥ずかしさやとまどい、罪悪感などを感じ、障がいを隠す傾向が残っています。

　「障がいがあるという診断を受けるのは、精神的につらいことであり、受け入れがたいことである」。この保護者の不安な気持ちを理解することなしには、特別な支援を必要とする子どもの保育はできません。保護者の気持ちに寄りそった前向きな支援ができてこそ連携が可能になるのです。

では、ここで特別な支援を必要とする子どもについて、①診断がついている子ども ②診断はついていないが、支援を必要とする子ども ③家庭支援が必要な子どもの３つに分け整理してみましょう。

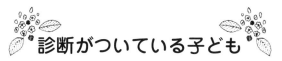

診断がついている子ども

まず最初に、「診断がついている子ども」について、考えてみることにします。

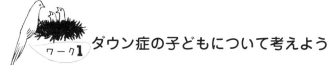

ワーク1 ダウン症の子どもについて考えよう

ダウン症の子どもに出会ったことはありますか？ 出会ったとき、すぐにわかりますか？ 出会ったことのある人は、そのときの様子を書いてみましょう。

経験のない人は、まず『たったひとつのたからもの　息子・秋雪との六年』（加藤浩美著／文藝春秋刊）を読んでみましょう。掲載された写真から秋雪くんの生き生きした瞬間や、彼と出会ったご両親をはじめとする周囲の人たちの温かな眼差しを感じることができます。

また、療育センターや保育所へボランティアなどに出かけ、なるべく実際のダウン症児に接してみましょう。

星と虹色な子どもたち➡ブルーくんタイプ

〈記入例〉

診断名	ダウン症　Ｎくん
年齢と性別	３歳児　男児
どこで出会ったか	ボランティア先の保育所
子どもの観察	同年齢の子どもたちより動きがゆっくり。笑顔がとてもかわいらしく、人なつこい。身体が柔らかく、坂道での散歩は怖がり、ゆっくり歩く。
保育者からの聞きとり	Ｎくんと一緒に遊びながら、加配の保育者に様子をうかがった。Ｎくんは人が大好きで、お友達とよく遊びたがる。頸椎が傷つきやすいため、でんぐり返しや激しい運動は注意が必要とのこと。

同じようにダウン症の診断がついている子どもの様子を書いてみましょう。経験のない人は秋雪くんについて書いてみてください。その際、記録や学ぶ目的であっても、個人情報を保護するために、実名は避けてイニシャルで書き入れるようにしましょう。

　　ダウン症の特徴を理解しましょう。知的な発達がゆっくり、身体が柔らかい、発音がはっきりしない、性格は穏やかで人なつこい、などがあります。多くの場合、保育所や幼稚園に来る前から療育センター等に通っているので、療育（治療と保育を合わせ、個に応じてていねいに育てること）の専門家に情報を聞くことができます。子どもの支援の方法や専門的な支援について事前に情報を伝達し、どのような特徴があるのか理解するよう努力します。また、障がいがあると診断されている子どもに対し、定数以上に多くスタッフをつける「**加配**」という制度があります（p.12）。

　　ダウン症、自閉症、脳性マヒなど診断がついている障がい者は、**人口のおよそ 7.6%** とされています。詳しい疾患名と症状については、また後ろの章で学ぶことにしましょう。

診断はついていないが、特別な支援を必要とする子ども

　　近年、診断がついていなくても、集団への適応が難しく、しばしば一人だけ異なった行動をする子どもがいます。たとえば、集まりになると外に飛び出していく、落ち着きがない、急な変更にかんしゃくを起こす、などです。

　　このような行動は、子どもであれば誰でも状況により見受けられますが、その行動が多数の子どもから逸脱していることが多く、保育者はつい子どもにイライラしたり、叱ったりしてしまいます。

　　そこで、このように診断はついてないが支援の必要があると思われる子どもを、より正しく理解することが必要となります。そして、何より大切なのは、このような子どもの支援方法を理解していることです。

　　ほかの子どもと同じ行動をとれない子どもがいると、「親のしつけが悪いから、子どもの問題行動が多いのではないか」「保育者として力が足りないせいではないか」「この園の方針や指導がよくないからではないか」など、保育者が自分や保護者を責めることがよく見受けられます。これらの考え方は、どれも正しくありません。子どもの問題行動を自分や誰かのせいにして気持ちを楽にしても、子どもは伸びていきません。支援方法を具体的に学ぶことが大切で、子どもへの良い支援に結びつけるよう考えましょう。

　　近年、診断を受けていないが支援の必要がある子どもの数は増加しています。この子どもたちは、診断を受けたり療育を受けていないので、親にも保育者にも支援の必要性が理解さ

れにくいのです。

　また、家ではおとなしく良い子であるのに、保育所や幼稚園のような集団活動になると、急に変わってしまうこともあります。きっと騒がしかったり人の大勢いる環境が苦手な子どもも多いため、不安定になるのでしょう。初めての集団生活となる保育所や幼稚園で、同年代の集団のなかで初めて不適応が明らかになり、障がいが診断されて、支援に結びつくことも多々あります。

　したがって、保育者は支援を必要としている子どもの特性についてよく学び、支援方法や保護者への相談などを理解していることが大切です。文部科学省の「通常の学級に在籍する特別な教育的支援を必要とする児童生徒に関する調査」によると、**学齢期では全体の約8.8％が特別な支援を必要とする子ども**であるという調査結果が出ています（2022年発表）。また、理由は定かでありませんが、支援の必要がある子どもたちは年々、増加傾向にあります。

ワーク2　支援が必要だと感じる子どもについて考えよう

　今まで自分が出会った子どものなかに支援が必要だと感じる子どもはいませんでしたか。思い浮かばない人は、ボランティアなどに出かけ、実際に子どもたちと接してみましょう。

〈記入例〉

診断名	気になる子　Ｓくん
年齢と性別	４歳児　男児
どこで出会ったか	ボランティア先の幼稚園
子どもの観察	幼稚園のボランティアで出会ったＳくん。私を見ると自分から寄ってきて、膝に座ったりしてかわいい。普段は一人でいることが多く、時々、大声を出して癇癪を起こす。友達とのやりとりがうまくいかず、けんかになることもしばしば。水飲み場で誰かがぶつかったらしく、関係のない隣の子どもを押し倒して、保育者に叱られていた。
保育者からの聞きとり	予定を先に伝えると、比較的穏やかに過ごすことができる。友達とのトラブルが多いのは、人が集まるところ、たとえば水飲み場の前や子どもたちがお集まりする前後の時間帯。そのようなときは時間帯をずらして、少し先に行ってもらうようにする。言葉のやりとりがうまくいかないので、意味がわからないときは、ていねいに聞きとるようにしている。また、気持ちになるべく添うようにし、言葉を引き出すようにしている。

「ちょっと気になる子」などとも表現される、集団適応に困難のある子どもの数が増加しています。さらに、そのなかには次に説明する「家庭支援の必要がある子ども」と「発達障がいの疑いがある子ども」がいるといわれています。発達障がいとは脳の障がいのことで、**ASD（自閉スペクトラム症）**、**ADHD（注意欠如多動症）**、**LD（限局性学習症）**などを指します。これらについては Lesson 5 で解説します。

家庭支援が必要な子ども

近年、脳の障がいによる発達障がいだけではなく、虐待や育児放棄などにより家庭支援を必要とする子どもたちも急増しています。この子どもたちも、広い意味では特別な支援を必要とする子どもたちです。現在、この家庭支援の必要な子の増加が通常の保育に様々な影響をもたらしています。

家庭支援を必要とする子どもは情緒不安定になりがちで、大切にしなければならない友達や保育者らに対しても叩いてしまったり、大切な人を傷つける傾向があります。彼らは悪い子なのではなく、劣悪な家庭環境に育っているため、特定の人から安定した愛情を十分に得られず心が不安定になって、適切な言葉を出せずに助けを求めているのです。

ワーク3　行動が気になる子どもについて考えよう

みなさんの周囲にいつも一人ぼっちでいる、ささいなことで泣く、怒りやすい、暴言を吐く、すぐ乱暴する、抱っこを執拗（しつよう）に求めるなど、行動が気になる子どもはいませんか？

〈記入例〉

診断名	家庭支援が必要と思われるCちゃん
年齢と性別	2歳児　女児
どこで出会ったか	ボランティア先の幼稚園
子どもの観察	私を見るとすぐ抱きついてくるが、気まぐれで、知らんぷりしてすぐどこかに行ってしまうこともある。近くにいる大人にニコニコ寄っていき、膝の上に乗る。情緒が不安定で、少しの変化に泣くことがある。また、泣きだすと止まらなくなり、しばしば激しく泣いて相手を叩く。
保育者からの聞きとり	母親は夜間勤務で生活リズムが不安定なため、子どもも夜起きていたり、朝食を食べてこないことが多い。午前中から寝てしまうこともよくある。笑顔でいるときと激しく泣くときの差が激しい。なかなか泣きやまない。

　子どもは不適切な環境で育ってしまうと、愛情表現の方法がわからず、「自分を見てほしい」という要求を暴力や暴言で表現するようになってしまいます。もしあなたが、相手を無差別に傷つけたり、喜怒哀楽が不安定な子どもと出会ったら、虐待のことも疑いながら、様子をていねいに観察する必要があります。何倍もの愛情を求めている子だと理解しましょう。

●愛着障がい

星と虹色な子どもたち➡パープルさん傾向

　赤ちゃんは母親（あるいは特定の親密な関係にある大人）とほほ笑みを交わしあったり、抱っこされ、見つめあったりする温かな相互作用のなかで**愛着**（アタッチメント）を形成していきます。それは赤ちゃんが大人になってからも人との信頼関係や情緒の安定のために必要な、特定の人との心の**安全基地**を確立する経験なのです。

　赤ちゃんは泣くことでコミュニケーションしています。たとえば「おなかがすいた、痛い、甘えたい、眠い、抱っこされたい」など、さまざまな言葉にならない要求です。赤ちゃんは周囲から気持ちを受け止められ、お世話をされ、優しく話しかけられることで、大人との絆を強めていきます。人間は哺乳類ですから、抱っこされたときの母親の体温や皮膚の柔らかさなど、さまざまな皮膚感覚を通じて安心感を得ていきます。親子の信頼とは、このように日常的に行われている授乳、おむつ替え、話しかけ、見守りなどを通じて築かれていくのです。豊かな対人関係は情緒の安定、ことば、認知、運動など発達の基礎となります。愛着は、人間の人生のすべてを左右する対人関係の基盤となっていくのです。

　もし、虐待など不適切なかかわりで育てられると、どうなるのでしょうか？　だれからも大切にされず世話してもらえなければ、特定の人との愛着は形成されていきません。それが**愛着障がい**です。不適切なかかわりとは、無視、ネグレクト（育児放棄）、虐待などです。たとえば、赤ちゃんが泣いていても、無視を続けたり、世話をしないでいると、赤ちゃんはいっそう気がついてもらえるように、しばらく泣いたり、怒ったりします。が、やがて泣くことも止めて無反応になっていきます。泣くたびにたたかれる、脅されるなどの体験を繰りかえすと自己表現が抑制され、無表情になっていきます。豊かな愛情の欠如は子どもの心の発達を阻害していきます。

　愛着障がいは脳の機能障がいを引き起こすことも研究で知られるようになりました。赤ちゃんのころから繰りかえし虐待、ネグレクト、脅迫などのストレスを受けつづけると発達は遅れ、心の発達が阻害され情緒が不安定になります。甘えてずっと離れないかと思うと、攻撃的になったり無表情になったりします。愛着障がいは生来の器質的な脳の機能障がいとは異なり、不適切な環境から引き起こされる二次的な脳の機能障がいなのです。これらを予防するためにも、温かく安定的な養育環境を０歳児のころから継続的に整えることが必要です

その他の特別な配慮が必要な子ども

　近年、母国語が日本語以外の家庭で育つ子どもや、ひとり親家庭に育ち経済的な支援が必要な子ども、また親の何らかの病気により生活保護で生活している家族など、様々な背景のなかで子は育っています。そのような背景は、親からの相談や様々な健診時の聞き取り調査で知ることもあれば、保育所や幼稚園などに入園したあと、保育者の気づきによりわかってくることもあります。

●海外とつながる子ども

　外国人労働者が増えている現在、日常生活で日本語以外の言語を使用している子どもが幼稚園や保育所に入園してくることがあります。その際、日本の文化との違いにとまどったり困ったりする子どももいます。たとえば、生活リズムや食事、時間の流れなど、それまで生活してきた文化で培われてきたことが新しい環境と異なったり、日本の幼稚園や保育所の時間の流れに合わなかったりするケースです。そのため、各家庭の生活リズムを知る過程でニーズに沿った対応策を検討していくことが必要です。

　また、国によっては複数の言語や文化が存在する場合もあります。たとえば、フィリピン国籍の場合、フィリピンの国語はフィリピノ語、公用語はフィリピノ語および英語ですが、国内で話されている言語は80以上で、180以上の言語があるといわれています（外務省HP「フィリピン共和国 基礎データ」）。つまり、フィリピンという国でひとくくりにするのではなく、その子が生まれてから入園までの生活や学んできた言語を知ることが大切です。

　これは日本国内にいても似たような感覚になることがあります。その土地の方言や文化が違えば、風習や習慣も異なり、自分が常識と感じていたことにとまどいを覚えた経験はないでしょうか。日本と海外の間だけの話ではないのです。

　そのような子どもへの配慮としては、その子が生まれ育ってきた背景を踏まえながら、園の流れや子どもたち同士のかかわりを検討していきましょう。知的発達症や発達障がいなどが背景にある場合、日本語も含めた言語での意志の疎通が難しいこともあります。その際は、その子が理解できる絵カードや物を使ってコミュニケーションを図っていくことが必要です。親が普段見せている絵本や遊んでいるおもちゃを参考にしながら、かかわり方を検討していくとよいでしょう。

●貧困家庭の子ども

　子どもの貧困が大きな話題となっています。厚生労働省の「国民生活基礎調査」によると、2021年の貧困率は15.4％で、子どもの貧困率は11.5％となっています（2023年発表）。ひとり親家庭の貧困率は44.5％で、前回調査（2018年）と比べて3.8ポイント減っていますが、

経済的に厳しい状況に置かれたひとり親家庭は少なくありません。20歳未満の子どもを養育しているひとり親家庭の自立支援を目的とする母子父子寡婦福祉資金貸付金制度などのサポート体制で、ひとり親家庭への支援が進められています。

> 貧困率：ここでは、その国の所得中央値の一定割合（50％が一般的で「貧困線」呼ばれる）以下の所得しか得ていない世帯員の割合を示す。

　ひとり親家庭の場合、親が朝から夜遅くまで働き、子どもが家でひとりで過ごす時間が長いこともあります。朝ごはんを食べる時間もなく、おなかをすかせたまま登園する子もいます。朝から元気がない状況が続くのであれば、親の事情を聞くことも必要です。その際は、ひとりで様々な事情を抱えている親の大変さに共感しつつ、子どもの成長のために一緒に考えていく姿勢で伝えていくのがよいと感じます。

　また、教材費などの費用を滞納するケースもあります。経済的に余裕がなくなってくると、気持ちのゆとりにも影響します。そのため保育者は、経済的に困難な状況から払えない場合にどのような福祉サービスが使えるか、園の担当者や各自治体から情報を得て、保護者に適切に伝えていくことも必要です。

●虐待を受けている子ども

　全国の児童相談所における児童虐待の相談対応件数は、年々増加しています。厚生労働省「令和3年度福祉行政報告例の概況」によると、被虐待年齢は0〜18歳のなかで3歳が最も多く（14,035件）、次いで1歳（13,593件）、2歳（13,368件）となっています。虐待者別構成割合では「実母」（47.5％）が最も多く、次いで「実父」（41.5％）となっています。相談件数の増加や子育てに困難を抱える世帯の現状をふまえ、2022年に成立した改正児童福祉法では虐待対応や子育て世帯に対する支援体制の強化が盛り込まれました。

　また、虐待経験を背景として愛着障がい（p.19）を抱える子どもへの対応に関しても様々な課題があります。発達障がいと似たような行動を見せることがあり、その子の背景から対応を検討することが大切です。

　園での日々の生活では、たとえば昨日と同じ服を着ていないか、オムツが取りかえられているか、身体になんらかのあざや炎症がないかなどを気にかけていく姿勢が大切です。また、年齢が上がると、子どもも自分の母親や父親の行動を正当化するような言動が見られたり、先生に話せば親にそれが伝わり、家で自分が怒られるのではないかという恐怖心からケガを隠そうとする、ということもあります。

　虐待の背景として、子どもも親も何かしらの理由で困っている状況にあることが想定されます。子どもの状態からの情報だけではなく、送迎時の母親や父親の様子や言動の変化を汲み取っていくことが大切です。親を責めたり追及したりするのではなく、「一緒に考えていきたい」という姿勢でつながっていけるとよいでしょう。また、虐待の可能性がある、もし

くはリスクが高いと想定される場合、保育者は上司や同僚に相談し、一人で抱えないことが大切です。

●社会資源を活用する

　近年は、福祉分野だけでなく、医療や教育、司法、労働などの分野にもソーシャルワーカー（社会福祉士）が配置されています。そして、様々な背景やニーズに合った資源へとつなげ、支援の輪を広げる取り組みが進められています。

　取り組みのひとつとして、ファミリー・サポート・センター事業（子育て援助活動支援事業）という、乳幼児や小学生等を育てる労働者や主婦等を会員として、預かりなどの援助を受けたい人と援助を行いたい人をつなげ、連絡・調整を行う事業があります。たとえば、保育施設までの送迎や、保護者の病気や急用などの場合に子どもを預けることができます。事業者によって利用内容や申請方法が異なるため、各自治体の窓口に問い合わせてみるとよいでしょう。

　それまで育ってきた環境の違いから、時には幼児や子どもが発達障がいと似たような行動を見せる場面もあります。そのため、保育者は様々な社会的な背景から来る親や子どものニーズとともに、それらに対応する福祉的サービスやサービスへのつなげ方を知ることが必要ではないか、と考えます。

Lesson 1 のまとめ

　診断のついている子ども、診断はついていないが支援を必要とする子ども、家庭支援が必要だと思われる子ども、その他の特別な配慮を要する子ども、それぞれについて、どんな子どもかイメージすることができましたか？　思い浮かばないときは、実際に子どもたちとふれ合う機会を見つけましょう。

　「あの親は障がいを認めない」「あの親は、なぜ子どもを療育センターへ連れていかないのだろう」といった言葉を保育現場で聞くことがありますが、保護者の気持ちへの無理解は親子を追いつめ、支援へとつなぐチャンスを逃がしてしまうことさえあります。

　私たちは障がいのある子どもの理解について、その発達・特性・支援方法について、保護者の気持ちや地域に存在する支援の方法について、誰よりも真剣に学びたいものです。

　また、秋雪くんの笑顔が教えてくれるように、障がいのあるなしにかかわらず、どの子どももかけがえのない、ただ一人の存在です。温かな目でていねいに育み、子どもたちが感動的な人生を過ごせるよう、実践力のある保育者を目指し、日々、努力していきましょう。

　では、次の章に進みます。

LESSON 2

発達を理解する

「発達」という
言葉をキーワードに、
様々な視点から
保育者として必要な
基礎知識を学びます。

「ふつう」って何だろう

　みなさんは子どもの頃、同じ学年やクラスの友達と比較しては、「友達と同じように勉強ができるか？」「クラスで一番かけっこが速い！」などと気にしたり、喜んだりした経験はありませんか？　私たちは「ふつう」「同じように」という言葉をよく使いますが、それらは何を意味しているのでしょうか。

　私たちは本来、SMAP が歌っていた「世界に一つだけの花」（槇原敬之作詞／作曲）の歌詞のように一人ひとり違う種（遺伝子）をもっていて、それぞれの花を咲かせることこそが素晴らしいはずです。ところが現実はどうでしょう。同じクラスの友達と違うことをして、はずれないように目立たないようにと、親も子も息をひそめて生きています。それはたぶん、私たちが「人と同じような花を咲かせれば安心だ」という考え方をもっている人が多く住む国に生まれ育っているからかもしれません。

●人間の発達は一人ひとり異なる

　本来、子どもは一人ひとり得意なことも苦手なことも異なっており、発達のスピードも異なります。とくに、障がいのある子どもは、発達の速さやバランスが多数派の子どもと異なっています。多数派の友達と異なっていることは、悪いことではありません。しかし、違いについて正しく理解し学んでいないと、一人だけ歩くのが遅い、一人だけ身体が小さいなど、発達のスピードや筋道が多数派と異なる子どもに対して、偏見をもったり差別をしたりしてしまいます。子どもの支援にかかわるみなさんは、「発達の違い」という概念をきちんと理解することが重要です。

　私たちは、幼い頃から誰かと比べ、競争することに慣れています。もし、一人だけ友達より背が飛びぬけて高いなど、どんなに本人が努力しても結果が変わらないことなのに、「あなたの努力が足りない」と責められたら、きっと悲しい気持ちになるでしょう。

　たまたま生まれながらにして脳の機能に違いがあり、多数派の子どもと同じスピードで歩けない、言葉の意味がよく理解できないという子どもがいます。でも、それはけっして子どものせいではありません。そのまま支援を受けずに責められてばかりいると、本人は「自分が悪いんだ」と思い込んでしまいます。親も自分の子育てが悪かったのではないだろうかと、つらい気持ちになることがあります。そして、傷つけ合いが起こってしまいます。

　子どもが困っていることや不安なことに気がついたなら、必要に応じてなるべく早く、ていねいに支援することが重要になります。

あたりまえの思いやりと優しさを目指して──合理的配慮

　私たちは見かけが似ています。しかし本来、一人ひとりの顔が少しずつ違うように、脳の機能も家庭環境も異なっています。でも私たちは多数派と同じでないと不安になり、人と同じを求めて安心します。

　では、たまたま少数派の機能で生まれてきた子どもはどうなるのでしょうか。脳の障がいがある、家庭環境が異なる、母国語が異なる、などは本人の責任ではありません。また、私たち自身も本当は一人ひとり脳の機能が異なり、家庭環境も異なっています。

　このように、同じ価値観や評価で一斉に競争すること、多数派に合わせることが強調される保育や教育は、少数派の機能の子どもを排斥することにつながります。少数派にだけ「努力を強いる」「我慢させる」ことなく、だれもがその尊厳を大切し、違いを認め、助け合って、包み込むデザインである、インクルーシブ教育を実現するには、どうしたらよいのでしょうか。そこで、合理的配慮について学びましょう。

●合理的配慮の例

　視力が0.1で、黒板の字が見えないのに「眼鏡」をかけず、視力回復訓練を繰りかえす人はいないでしょう。視力を測り、自分に合った眼鏡をかけることは、あたりまえのことです。

　この眼鏡にあたるものが**合理的配慮**です。眼鏡を「ずるい」と言う人がいないのに対して、黒板の字を写すスピードが間に合わないため、一人だけタブレットを使いたいという申し出があったときは、どう考えるでしょう?

　眼鏡をかければ見えるようになることは、多くの人が知っています。タブレットを一人だけ使うことは、「ずるい」「甘やかし」と考える人がいるかもしれません。ただし、それは目に見えない「違い」を知らないだけかもしれません。

　本来、人はそれぞれ空間認知、形、色の見え方に違いがあります。たとえば、黒板の字の線がゆがんで見え、記号の向きが認識できないといった知覚の違いに苦しんでいる子どもがいるとします。それぞれの子どもに字を太くする、ペンを変える、枡目を入れる、など合理的配慮をすることは、機能が異なる人に対するあたりまえの支援、つまり合理的配慮なのです。

　黒板の字を写すのが苦手な子どものためにタブレットを使うこと、嫌な音を和らげるためにイヤマフやノイズキャンセラーを使うこと、説明のスピードをゆっくりにすること、などは合理的配慮の一例です。これら個々に合わせた配慮は眼鏡をかけるのと同じように、本来あたりまえの調節なのです。このように合理的配慮とは、多数派と少数派との調整であるともいえるでしょう。お互いに過度の負担を強いない、多数派と少数派との折り合い、それが合理的配慮です。それは、お互いにとっての思いやりと優しさなのです。

適切な支援について想像してみよう

ワーク**1**

自分が言語のわからない国に迷い込んだと想像してみましょう。あなたは会話ができないし、字も読めないので、迷子になっています。その時、どのような手がかりを求めると思いますか。また、どのような人に出会いたいと感じるでしょうか。

〈記入例〉

- ・言葉がわからないので、ジェスチャーを使ったり絵を描いたりして、自分の困っていることを伝えようとする。
- ・街に書いてあるサインを手がかりに歩く。
- ・優しくていねいに説明してくれる人に出会いたい。

では、同じように自分だったらどうするか考えて、書いてみましょう。

 「標準の発達」とは

　子どもの発達は、本当は一人ひとり違っていることを理解するために、**標準の発達**について学んでいきましょう。私たちが日常的に「ふつう」と言っている言葉の意味も、この「標準」という言葉と似ています。障がいのある子どもは、標準の発達とは違う、少数派の特異な発達をします。では、標準の発達とはどういうことを指すのでしょうか。また、みなさん自身は標準の発達なのか、標準であれば本当に良いのか、について理解を深めましょう。

　「標準の発達である」とは、一般的に母集団のなかで、平均値あたりや分布点の集中する群に位置することを意味します。たとえば、同じクラスの友達と同じテストを受けたとき、平均点に近い点であるほど、多数派の集団に属しています。ところが、難しいテストで一人だけ良い点であったり、易しいテストで一人だけ悪い点であったりする場合は、いずれも標準から離れている少数派ということになります。

　多数派の子どもがたどる発達の道筋のことを**標準の発達**、あるいは**定型発達**といいます。例を挙げると、ダウン症の子どもは同じ年齢の子どもの集団より身長や体重、理解や言葉の発達がゆっくりです。これは、ダウン症の子どもは「標準の発達と比べると、ゆっくり発達する」という意味になります。

●成長と発達

　ところで、身長・体重などは、発達という言葉とは区別されて使われています。身長と体重のような量的な変化のことは、**成長**といいます。

　一方、発達は、言葉がたくさん話せるようになる、数が数えられるようになる、など質的な変化のことをいいます。これらの変化は、**脳の働きや機能の変化**によるものです。このような本来、目に見えない脳・神経の質の変化を**発達**といいます。

　人間は、数字に表れやすい身体の変化による成長だけでなく、言葉や運動や社会性など、目に見えない脳の機能の変化によって発達します。脳・神経系の発達が年齢に伴って複雑に

機能するようになるため、話せたり、歩けたりするようになるわけです。

　では、母子健康手帳を見て、成長における標準の考え方を学んでみましょう。

　図2-1にある体重と身長のグレー部分の帯に、各月・年齢の約9割の子の値が入ります。多くの母親は、わが子の体重と身長が、同じ頃に生まれた他の赤ちゃんと比べて大きいのか小さいのか気になるものです。そこで、標準からはずれると帯の部分からはみ出すので、標準かどうかがわかる仕組みになっています。

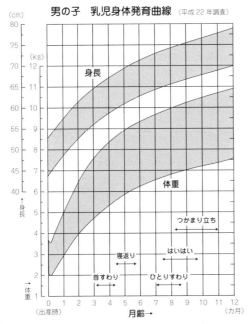
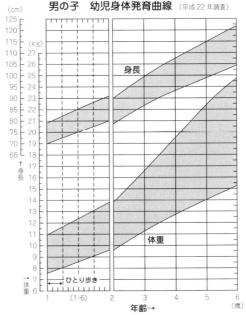

首すわり、寝返り、ひとりすわり、はいはい、つかまり立ち及びひとり歩きの矢印は、約半数の子どもができるようになる月・年齢から約9割の子どもができるようになる月・年齢までの目安を表したものです。お子さんができるようになったときを矢印で記入しましょう。

身長と体重グラフ：帯の中には、各月・年齢の94パーセントの子どもの値が入ります。乳幼児の発育は個人差が大きいですが、このグラフを一応の目安としてください。なお、2歳未満の身長は寝かせて測り、2歳以上の身長は立たせて測ったものです。

図2-1　乳幼児身体発育曲線
出所：母子健康手帳（平成24年4月発行）

　お母さんたちはこの図を見ているうちに、たとえば、自分の子どもの体重が標準だと安心するし、標準より少ないと自分の母乳が出ないせいではないか、離乳食の食べさせ方が悪いのではないか……などと心配します。でも、よく考えてみると、もし未熟児であれば、お母さんのお腹のなかにいる時間が短くて、早く産まれてきたということですから、本当は標準に追いつくには満期出産の子どもより長い月日が必要なのです。

　このように標準値は、体重や身長のように数値であれば目に見えやすく、脳・神経の発達のように直接見ることが難しいものは理解しづらいのです。そこで、様々な発達検査をすることにより、標準の発達なのかを知ることができます。

たとえば、多くの子どもたちを集めて、記憶・認知・言語などのテストをします。その数値を検査して、平均やばらつきの値を出し、そのなかで一番多数派が属する標準値を出します。この標準値に近ければ、標準の発達になります。標準値と自分の数値を比較すれば、自分の発達は標準なのか、もしくは標準以下なのか以上なのかを知ることができます。

仮に標準ではなかったとしても、それが悪いわけではありません。本来、一人ひとりの発達は異なっているのが自然です。子どもの発達検査の結果（p.35）を理解し、それぞれが少しずつ伸びていくように、励まし勇気づけましょう。多数派と異なる筋道の発達だったとしても、ていねいに保育し、良い環境を準備することで、どの子どもも発達するように支援することが大切です。

 ## 自分の発達を振りかえってみよう

発達には言語、運動、社会性、認知、日常生活の自立など様々な領域があります。そこで、自分を振りかえってみましょう。どんな能力が標準の発達でしょうか。同じ年齢の人より発達が早かった（標準以上）能力、発達がゆっくり（標準以下）だった能力についても考えてみましょう。

〈記入例〉

標準的な発達だと思う能力	算数。いつも平均点くらい。間違えたところはもう一度説明を聞けば、まぁまぁわかるときもある。かといって、満点を取ったことはない。
標準以上の発達だと思う能力	記憶力。一度会ったことのある人の顔と名前は覚えていて、人によく驚かれる。一度通った道も、わりと覚えている。
標準以下の発達だと思う能力	時間を守れない。よく待ち合わせの時間に遅れてしまう。整理整頓も苦手。バッグの中に不要な物が多く、必要な物が見つからない。

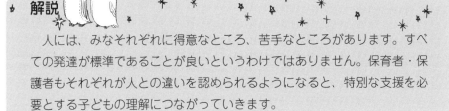

解説

　人には、みなそれぞれに得意なところ、苦手なところがあります。すべての発達が標準であることが良いというわけではありません。保育者・保護者もそれぞれが人との違いを認められるようになると、特別な支援を必要とする子どもの理解につながっていきます。

発達の領域と発達検査

　脳・神経系は、脳の部位によって機能や働きが異なっており、それらのネットワークが複雑に組み合わさって、人間らしく生きていくことができます。発達の領域は様々に分類できます。たとえば、**言語、運動、社会性、日常生活の自立**などです。このように、脳の働きに応じて分類したものを**発達の領域**といいます。

　また、たとえば言語であれば「何歳頃に話せるようになるのか」、運動であれば「何歳でひとり歩きできるのか」というように、各年齢や月齢に応じて、領域ごとに標準値を数値化した検査を**発達検査**といいます。

　発達検査には様々な種類があります。たとえば**津守式乳幼児精神発達質問紙、新版K式発達検査**などが多く使われますが、どの発達検査も個別に検査して、その値を標準値と比較します。発達の領域ごとに比較をすると、言語発達は早い、運動発達は遅い、社会性の発達は標準、というように個人ごとに発達を理解することができます。

発達検査の例

WISC V （通称ウィスク：ウエクスラー知能検査）	LD（限局性学習症）の心理検査として、よく使われる。適応年齢は5歳～16歳11カ月まで。全検査知能（FIQ）だけでなく、言語性知能（VIQ）と動作性知能（PIQ）もわかる。
視知覚発達検査	形がゆがんで見えていないか、目と手がうまく使えているかなどの発達を調べる。
ITPA 言語学習能力診断検定	言葉の発達について調べる。聴覚－音声と視覚－運動がどのようなバランスで理解されているか、検査することができる。
K－ABC 心理・ 教育アセスメントバッテリー	認知処理の過程など継次処理と同時処理、どちらが得意かなど評価し支援に生かす。

ワーク**3** 代表的な発達検査について調べてみよう

乳幼児期によく使われる検査と特徴	津守式乳幼児精神発達質問紙
	新版 K 式発達検査
幼児期から学童期によく使われる検査と特徴	WISC Ⅴ
	K−ABC 心理・教育アセスメントバッテリー

●誰が検査をするの？

　障がいの診断をするのは、医師の仕事です。小児科のなかも専門が分かれていて、子ども
の障がいを専門としているのは、小児神経科の医師です。心や精神のことは、児童精神科が
専門です。

　発達検査は、児童相談所、教育センター、療育センター、専門病院の臨床心理士など心理
職が担当することが多いです。保育者でも、専門の研修などで学べば理解できます。発達検
査の結果を読みとって、子どもの発達評価をすれば、同じ年齢の子どもの集団のなかで支援
がより客観的に理解できます。

Lesson 2 のまとめ

　発達には様々な領域があり、どの領域の検査をしたいかによって、様々な種類の検査を使
います。そのため、子どもの年齢や、検査後どんな支援に役立てたいかという用途を考慮し、
どの検査をするのか決めます。発達検査は、その結果で障がいがあるとレッテルを貼ること
が目的ではありません。診断や検査の結果は、子どもを客観的に理解し、支援に生かすため
に使いましょう。

LESSON *3*

発達の違いを理解する

個人差について学びます。
人はそれぞれに
発達の偏りがあります。また、
標準値と比べて発達の
スピードが違う場合、
本人が安心できる
支援が必要です。

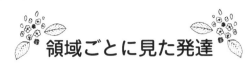

領域ごとに見た発達

　子どもの発達は、一人ひとりに違いがあること、違いとは標準の発達との比較であるということを Lesson 2 で学びました。Lesson 3 では、発達の違いを客観的に理解するための発達検査を学びましょう。発達検査には様々な種類があります。

　また、検査項目があって、領域ごとの発達の指標（目安）にしています。たとえば、母子健康手帳のなかにも、子どもの年齢と発達の指標となる項目があります。

保護者の記録【2歳の頃】　　　　　　（　　年　月　日　記録）

───────────────────────────────

　　　　　　年　　　月　　　日で2歳になりました。

───────────────────────────────

○走ることができますか。　　　　　　　　　　　　　　はい　　いいえ

○スプーンを使って自分で食べますか。　　　　　　　　はい　　いいえ

○積木で塔のようなものをつくったり、横に並べて
　電車などに見立てたりして遊ぶことをしますか。　　　はい　　いいえ

○テレビや大人の身振りのまねをしますか。　　　　　　はい　　いいえ

○2語文（ワンワンキタ、マンマチョウダイ）
　などを言いますか。　　　　　　　　　　　　　　　　はい　　いいえ

○肉や繊維のある野菜を食べますか。　　　　　　　　　はい　　いいえ

○歯の仕上げみがきをしてあげていますか。　　　　　　はい　　いいえ

○どんな遊びが好きですか。（遊びの例：　　　　　　　　）

○子育てについて気軽に相談できる人はいますか。　　　はい　　いいえ

○子育てについて不安や困難を感じることはありますか。
　　　　　　　　　　　　　　いいえ　　　はい　　何ともいえない

○成長の様子、育児の心配、かかった病気、感想などを
　自由に記入しましょう。

図3-1　保護者の記録　2歳の頃用
出所：母子健康手帳（平成24年4月発行）

●子どもの発達の速さは、一定でも一律でもない

　では、「ひとり歩きができる」について考えてみましょう。みなさんは自分が何歳でひとり歩きができるようになったか覚えていますか？

　ひとり歩きができるようになるのは、およそ1歳2カ月前後です。多くの子どもの調査を行い、何歳でひとり歩きできるようになったのか、その人数を調査し統計的に計算して、こ

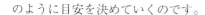

のように目安を決めていくのです。

　ではここで、1歳2カ月のAくんを例に、各領域ごとに発達を見てみましょう。

発達を領域ごとに見る

	粗大運動	言語	社会性
標準	ひとり歩きができるようになる	ごはんを指して「まんま」など、意味のわかる単語を話しはじめる	あやすと微笑む、母親が見えなくなると後追いして泣く
Aくん	ひとり歩きができるようになった	すでに多くの発語がある。検査して、言語の表出の数は1歳2カ月の子どもより多く、1歳6カ月の水準の発達である	母親が見えなくなっても、あまり泣かない。母親が呼んでも視線が合わない。6カ月の子どもの水準程度で社会性の発達はゆっくり
	⬇ 標準	⬇ 標準より早い	⬇ 標準より遅い

　Aくんの発達を領域ごとに考えると、粗大運動の発達は標準、言語の発達は標準より早く、社会性の発達は標準より遅いとなる。

　Aくんの例では、歩行などの粗大運動の発達は標準です。実際の年齢とほぼ同じ発達水準で心配ありません。言語の発達も同じ年齢の子どもより早く、1歳6カ月水準で問題ありません。しかしながら、社会性は6カ月水準で、標準より遅いということになります。

　このように、一人の子どもを領域別によりていねいに見ていくと、言語、運動、社会性など、すべての領域が標準の発達であるとはかぎらないことがわかります。発達検査では、子どもの発達を領域ごとに標準値と比較することで、客観的に理解することができるのです。

発達検査の結果を読みとく

　発達障がいのある子どもの多くは、発達検査をすることにより、支援に必要な発達の状態を理解することができます。

　先ほどのAくんは暦の年齢が1歳2カ月ではありますが、実際には発達の早い領域と遅い領域が混在しているので、支援はていねいにすることが必要であるということがわかります。

　さて、もう少し詳しく見てみましょう。障がいのある子どもの場合、発達プロフィールはどんなふうになるのでしょうか。

図３－２は、通常学級で学んでいるＢくん（小学３年生）のWISC Ⅲの結果です。WISCの考え方も、発達検査と基本は同じです。WISC Ⅲでは検査項目が13項目ありますが、この項目が標準10のところに水平に揃うと、すべての領域が「標準の発達」と考えられます。

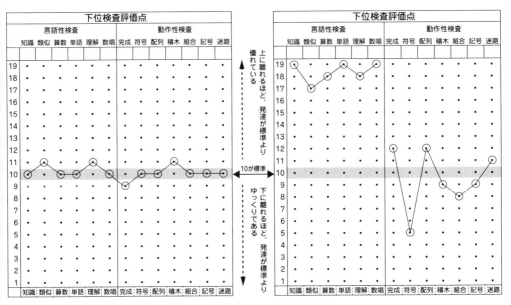

図3-2　標準の発達であるＢくんのWISCの結果　　　　図3-3　知的発達症のないASDのＣくんのWISCの結果
（これは WISC Ⅲの例です。現在、WISC Ｖが使われはじめています。）

さて、同じ３年生の通常学級で学ぶ、知的発達症のない ASD（自閉スペクトラム症）と診断されているＣくんのWISCはどうでしょうか（図３－３）。Ｃくんは13項目が水平にならず、極端な差異があります。言語性の能力は同じ年齢の子どもの標準の発達よりも、ずっと優れています。つねに百科事典を持ち歩き愛読しているＣくんは、一般的知識も会話も高度で、記憶力に優れ、大人のように話します。

ところが、動作性の領域では符合、組合、記号の部分が標準以下で、空間構成が苦手です。つまり目で見た空間を再生して、自分の身体のイメージや動きと合わせる部分が苦手なのです。

●発達に偏りがある子ども

こんなふうに、発達障がいのある子どもの多くは、同じ年齢の子どもと比べて、様々な発達の領域がすべて遅れているわけではありません。むしろ優れている領域もあります。つまり自分のなかで得意な部分と不得意な部分があって、その偏りがあるゆえに苦しかったり不安になったりするのだと考えられます。

先ほどのCくんは小学校3年生でありながら、6年生から中学生水準の知識量と好奇心があります。ところが一方では、4歳から5歳水準程度の発達と考えられる苦手な空間認知の部分があります。これがつらさの原因なのです。支援を受けないままでいると、先生が黒板に書いた字をほかの子どもと同じスピードで正しく写すことができない、運動会の練習を何度しても次にどの位置に立つのか、どこに移動するのかがわからないなど、集団生活での不安と混乱につながります。できることもたくさんあるのに、友達のあいだをウロウロしては叱られてしまうのです。

　このような検査結果の評価点にばらつきがある子どもを「発達に偏りがある」といいます。発達領域すべてが平均点のBくんと偏りのあるCくん。平均点だけ見れば同じです。でも、支援が必要な子どもの発達領域別の偏りは、発達検査をしないと理解されにくいのです。そこで、発達検査などで領域別の発達の状態を見るためには、図3-2、3-3のような検査結果が役立ちます。

　発達の偏りは、発達障がいのひとつの特徴であるとも考えられています。この発達の偏りが、彼らを苦しめます。できるはずなのに、できない。自分なりのプライドもあるのに、自信がもてない。自分ではまじめに受け答えしているのに、友達や保育者とコミュニケーションのすれ違いがしばしば起こる、など集団不適応になっているのです。

　この様子は、たとえるならメガネをかければ見えるはずなのに、メガネは使ってはダメ。それでも、見える人と同じように見るために、視力回復訓練だけをしているのに似ています。メガネのように、だれもが知っている支援道具であれば、「ずるい」とか「眼鏡をかけて見るのは不平等だ」とは言われません。しかし、脳の機能の違いは見えません。特別支援も、メガネを自然にかけるのと同じように、一人ひとり違った道具でていねいに支援できたら、子どもの良いところが伸ばせます。

　本来、発達の偏りは、だめなわけでも、かわいそうなわけでもありません。この偏りこそが、人はみんな違った才能や感受性をもって生まれてきたおもしろさであり、魅力であるはずなのです。

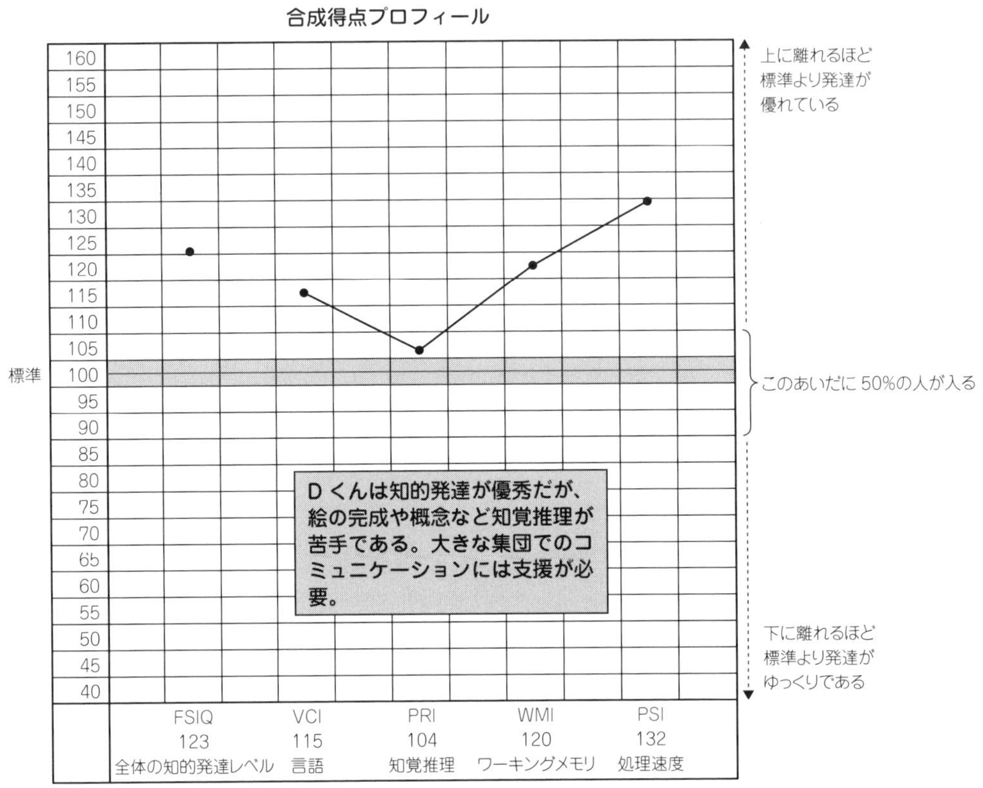

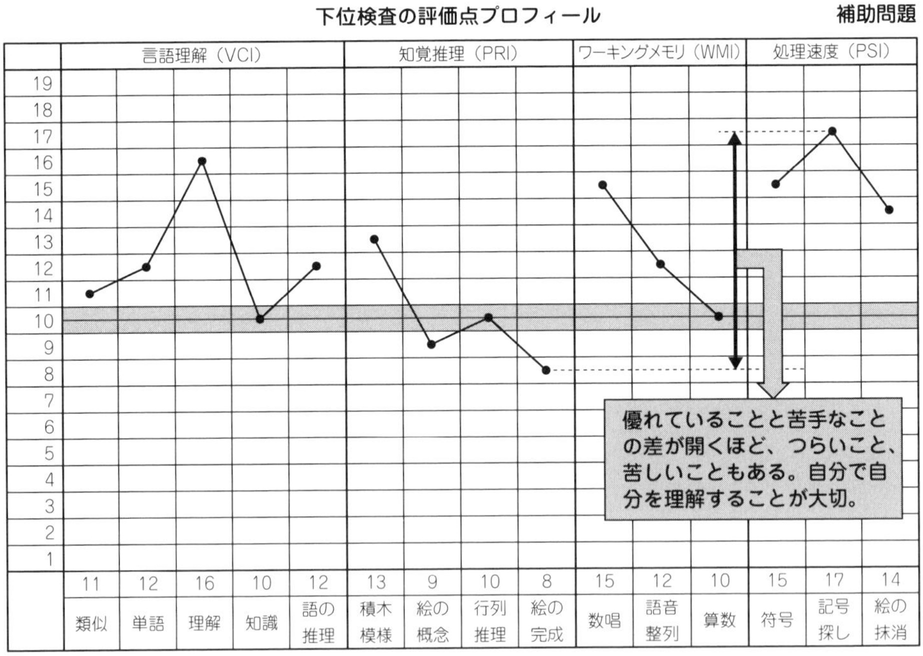

合成得点プロフィール

上に離れるほど標準より発達が優れている

このあいだに 50% の人が入る

Dくんは知的発達が優秀だが、絵の完成や概念など知覚推理が苦手である。大きな集団でのコミュニケーションには支援が必要。

下に離れるほど標準より発達がゆっくりである

標準 100

	FSIQ	VCI	PRI	WMI	PSI
	123	115	104	120	132
	全体の知的発達レベル	言語	知覚推理	ワーキングメモリ	処理速度

下位検査の評価点プロフィール　　　　　　　補助問題

優れていることと苦手なことの差が開くほど、つらいこと、苦しいこともある。自分で自分を理解することが大切。

言語理解（VCI）					知覚推理（PRI）				ワーキングメモリ（WMI）			処理速度（PSI）	
11	12	16	10	12	13	9	10	8	15	12	10	15	17	14
類似	単語	理解	知識	語の推理	積木模様	絵の概念	行列推理	絵の完成	数唱	語音整列	算数	符号	記号探し	絵の抹消

図 3-4　通常学級で学ぶ D くんの WISC Ⅳのプロフィール（現在は WISC Ⅴが使われはじめています。）

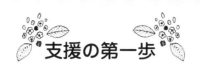

支援の第一歩

　5歳児のクラスのカリキュラムは、5歳から6歳の子どもの標準の発達、つまり多数派の平均値に合わせてあります。実際も5歳標準の発達水準の子どもがほとんどですが、なかには実年齢（暦年齢）が5歳であっても、3歳程度の発達水準の子どももいます。反対に7歳水準のことが理解できる子どももいます。

　もし、クラスの子ども全員の発達を知ることができたなら、一人ひとり違っていることでしょう。1年生であっても3年生くらいの身長や体重のある子どももいれば、5歳くらいの小柄な子どももいるのが自然であるように、発達も一人ひとり違うというわけです。身長や体重などの発育＝**成長**は目に見えやすく、個人の育ちの違いが理解されやすいのですが、**発達**は脳の働きのことなので目に見えず、個人の違いを理解することが難しいのです。

　通常、障がいの診断を受けたあと、心理検査・知能検査をすると、本人の発達の得意な領域と不得意な領域がわかります。同じ年齢の子どもたちと比較し、どれくらい優れているのか、遅れているのかということもわかります。

　また、説明してきたように、発達といっても様々な領域があります。それは、脳の働きは分業されていて、部位によって役割が異なり、それらがネットワークのように連絡しあっています。しかし、脳の特定の部位が何らかの要因で障がいされると、本人がどんなに努力してもできないことが出てきます。

　たとえば、脳梗塞で脳の言語領域の働きが障がいされると、言語がうまく話せなくなるという症状が出るのも、脳の言語の領域だけが障がいを受けたからです。支援の前には、そういった発達の全体の状況を理解することが必要になってきます。支援が必要と思われる子どもたち一人ひとりの発達について、家族、保育者など周囲の大人が彼らの発達を理解することが支援の始まりなのです。

特別支援は人間理解が大切！

子どもの発達はらせん状に伸びる

　子どもの発達は、同じ年齢の子どもが横一線に、同じ速さで一段ずつ階段を上っていくように発達するのではなく、発達の各領域ごと、年齢ごとに一人ひとり違っています。たとえるなら、らせん階段をそれぞれのペースで休んだり回り道したり、時には下りながらも、少しずつ上っていくようなイメージです。親であれば誰でも、人より少しでも先へ進めようとついあせり、子どもを追い立ててしまいますが、実際には本当に一人ずつ異なります。

　私たちの目に見えてわかる発達や、誰にでも評価しやすい発達は、子どもの素晴らしい能

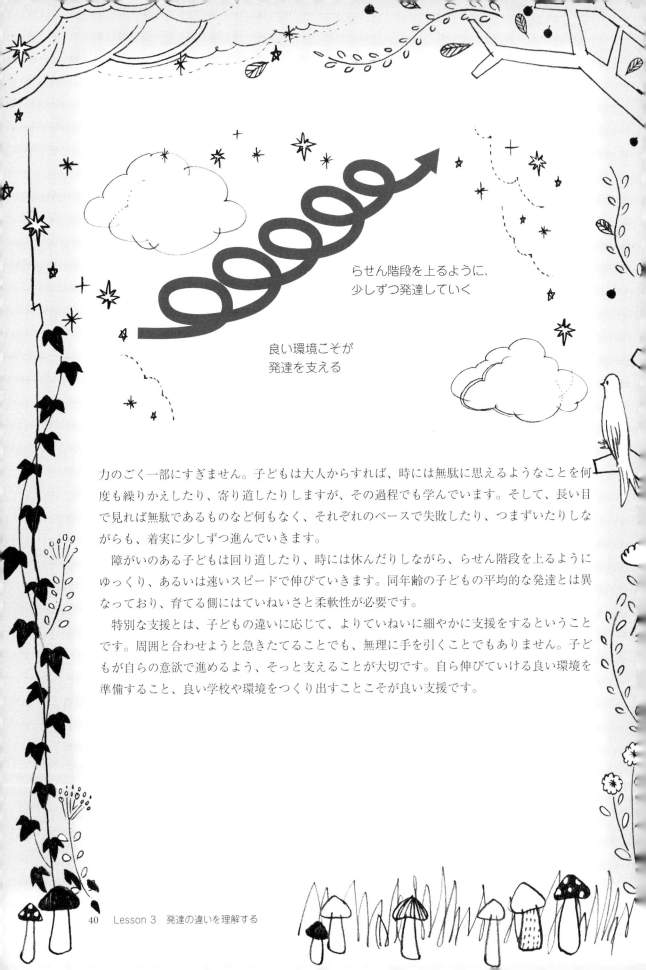

らせん階段を上るように、
少しずつ発達していく

良い環境こそが
発達を支える

力のごく一部にすぎません。子どもは大人からすれば、時には無駄に思えるようなことを何度も繰りかえしたり、寄り道したりしますが、その過程でも学んでいます。そして、長い目で見れば無駄であるものなど何もなく、それぞれのペースで失敗したり、つまずいたりしながらも、着実に少しずつ進んでいきます。

　障がいのある子どもは回り道したり、時には休んだりしながら、らせん階段を上るようにゆっくり、あるいは速いスピードで伸びていきます。同年齢の子どもの平均的な発達とは異なっており、育てる側にはていねいさと柔軟性が必要です。

　特別な支援とは、子どもの違いに応じて、よりていねいに細やかに支援をするということです。周囲と合わせようと急きたてることでも、無理に手を引くことでもありません。子どもが自らの意欲で進めるよう、そっと支えることが大切です。自ら伸びていける良い環境を準備すること、良い学校や環境をつくり出すことこそが良い支援です。

子どもの将来に見通しと夢をもつ

　支援を必要とする子どもの将来について、不安を抱く保護者は多いです。この先、子どもが社会で自立して生きていくうえで支援を早期に受けることがどれほど大切であるかを理解しましょう。

　子どもの発達は、2つの要素がからみ合っています。1つは持って生まれた**素質**といわれるものです。たとえば、髪の毛の色が黒い、背が高いなど、親から譲り受けたものです。

　もう1つは**環境**です。それは、どの国のどんな家庭に生まれ育っているかということです。日本に生まれれば日本語が話せ、アメリカに生まれれば英語が話せるように、人は環境によって発達が変化します。環境には"人"も含まれます。この"人"という環境はとくに大切です。子どもの素質を伸ばすかどうかの鍵ではないかと思います。どんな親に育てられ、どんな保育者と出会うかで子どもの将来は変わってくるのです。

ワーク　自分の良い素質と良い環境についてまとめよう

私の親ゆずりの良い素質	私の良い環境
例）おおらか	例）優しい友達が多い

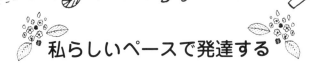

私らしいペースで発達する

　多数派であること、それが標準であるとするならば、少数派の機能で生まれた子どもを標準化すること、追いつくこと、普通にすること、が発達支援の目標・目的になりますが、そうではありません。私たちがみな、自分らしいペースでそれぞれ違う素敵な花を咲かせるように、子どもたちも個に応じた、それぞれの発達を尊重していきましょう。

Lesson3 のまとめ

　人と生まれつき違うこと、発達が人と違うペースであることは悪いことなのでしょうか？
　人間は、持って生まれた能力、容貌、運動神経、背の高さ、そして家庭という環境も違います。人と違う才能は、とくに大切です。それらの才能が将来、彼らの生き甲斐になり、生きる道につながるかもしれません。
　また、障がいのある子どもや家族が仲間はずれにされ、いじめられている話をよく聞きます。育っていないのは障がいのある子どもではなく、周囲の大人の心ではないかと思います。保育者も親も、障がいがあったり、支援の必要がある子どもの理解について学ぶ機会が少ないのかもしれません。みなさんも「発達の違いは悪いことではなく、むしろ楽しみで素敵なことである」ということについて、自分の言葉で考えておかなければならないでしょう。
　金子みすゞの詩「私と小鳥と鈴と」にある「みんなちがって、みんないい」。この "あなたと私" というまなざしの本当の意味を理解することが、支援の大切さの理解へとつながります。

LESSON 4

障がいの特性を理解する（1）

肢体不自由
知的発達症
視覚障がい
聴覚障がい
病弱・虚弱
重症心身障がい
言語発達障がい

について学びます。

この章では、代表的な障がいの特性について説明します。たとえば、ダウン症は知的発達症の代表的な疾患です。心臓疾患が合併することもあり、運動など配慮が必要です。また、言語の発達がゆっくりであるため、自分の気持ちを相手に伝えるためにコミュニケーション支援はていねいにする必要があります。人なつこく、音楽が好きであるなど得意なことを生かした支援は効果的です。このように特性について理解しておくことは、多数派の子どもたちの保育にも大きなヒントになります。

今後、インクルーシブ（障がいのあるなしで分けることなく包みこむ）教育が推進されるようになり、保育の場で実践されていきます。ここでは、**肢体不自由・知的発達症・視覚障がい・聴覚障がい・病弱**など代表的な障がいについて、学びましょう。

肢体不自由

車椅子の子どもたちに出会ったことがありますか？　地域には、自由に手足が動かなかったり、手足に麻痺があったり、身体の一部が欠損している子どもたちがいます。

このように、手足や身体などに不自由があり、その状態が将来も続く状態を**肢体不自由**といいます。程度は、軽度なものから最重度で寝たきりの状態まで様々です。原因は、脳性まひ、水頭症、てんかん、二分脊椎、交通事故や不慮の事故などです。

肢体不自由の子どもは、通常、療育（p.16）を受けられる通園施設や病院、特別支援学校などに通っています。ただ、近年は通常学級や小学校の特別支援学級でも受け入れることが多くなり、健常の子どもたちと学ぶことも一般的になりました。

ここでは、比較的数の多い脳性まひと、接するときに細やかな配慮が必要な進行性筋ジストロフィーについて学びましょう。

●脳性まひ

肢体不自由児のなかで最も多く、全体の約30％を占めています。原因は、胎児の頃に母体が風疹などウイルスに感染して起こる場合、あるいは難産など出産時のトラブル等があります。脳・神経の障がいなので、症状は進行しませんが、特効薬などで完全に治るというものではありません。継続的に主治医の診察、理学療法や作業療法などを受けます。

●進行性筋ジストロフィー

脳の損傷ではなく、筋肉細胞の変質により次第に筋力が低下していく進行性の疾患です。乳幼児期に転びやすい、よくつまずくなどして家族や保育者などにより発見されます。走るのが同じ年齢の子どもより遅い、よく転ぶなど、運動面での遅れがとくに気になるようであれば、専門の病院で検査を受ける必要があります。少しずつ進行するので次第に歩けなくな

り、中学生前後で車椅子に移行することが多いため、幼年期に豊かな体験をしておくことが大切です。

　また、肢体不自由の子どもには、知的発達症を伴わない身体障がいのみの子どもだけでなく、知的発達症と肢体不自由が重複している子どももいます。

肢体不自由のある子どもについて考えてみよう

　肢体不自由の子どもに接し、子どもの車椅子にふれる機会をもちましょう。みなさんの地域には、肢体不自由の子どもが通う特別支援学校、病院、施設などがあります。この機会にぜひボランティアや見学に出かけてみてください。

　車椅子を見たり押したりした経験がない人は、『五体不満足』（乙武洋匡著／講談社刊）という本を読んでみましょう。生まれつき手足のない作者が健常の子どもたちと同じように学校に通い、生き生きと大人になっていく様子が描かれています。「障害は不便です。だけど、不幸ではありません」と述べているように、人として自然に育みあえ、学びあえることが大切です。

星と虹色な子どもたち➡ゴールドくん

〈記入例〉

診断名	脳性まひのＹちゃん
年齢と性別	４歳児　女児
どこで出会ったか	療育センター
子どもの観察	歩行が一人では難しい。手足に麻痺があるため、急ぐときは、車椅子が使えるように練習している。
保育者からの聞きとりや自分の感想	手足に不自由があるだけで、気持ちは優しく強いところもあるので、あまり友達が世話をしすぎないよう、なるべく一人でできるのを待っている。一人でするのを手伝う姿勢を大切にしている。

知的発達症

　知的発達症とは、出生時、もしくはそれより早い胎生期において、脳に何らかの障がいを受けたため知的な発達が遅れ、社会生活への適応が困難になることをいいます。以前は「精神薄弱」という言葉が使われていましたが、1998年の「精神薄弱の用語の整理のための関係法律の一部を改正する法律」により、1999年から知的障がいという言葉が使われるようになりました。さらに現在は、知的発達症という言葉が使われはじめています。

　知的発達症があるかどうかは、アメリカ精神医学会（APA）の診断基準が使われます。現在は、「DSM−5　精神疾患の診断・統計マニュアル」（Diagnostic and Statistical Manual of Mental Disorders）によって、軽度・中等度・重度・最重度に分類することができます。

DSM−5 より

軽度の知的能力障害では、就学前の子ども達において、明らかに概念的な差はないかもしれない。中等度の知的能力障害では、発達期を通じてずっと、個人の概念的な能力は同年代の人と比べて明らかに遅れる。学齢期前の子どもにおいては、言語および就学前技能はゆっくり発達する。重度の知的能力障害では、概念的な能力の獲得は限られている。通常、書かれた言葉、数、量、時間、および金銭などの概念をほとんど理解できない。最重度の知的能力障害では、概念的な技能は通常、記号処理よりもむしろ物理的世界に関するものである。

出典：日本精神神経学会（日本語版用語監修）、髙橋三郎・大野 裕（監訳）『DSM−5 精神疾患の診断・統計マニュアル』医学書院、2014年、pp. 34−35

　具体的にイメージしにくいかもしれません。軽度の場合は、見た目にはほとんどわからないのですが、曖昧な指示などで混乱していることも多く、体験的、具体的に子どもの理解度に合わせて、ていねいに支援することが必要です。中度の場合は、実際の年齢のおよそ半分くらいの発達年齢と理解し、身辺自立や言語などゆっくり体験を通じて支援します。重度の場合は、感覚運動遊びや話しかけなどを多く取り入れるようにします。

　重度・中度・軽度の区分はありますが、それぞれの境界域に多くの子どもが存在しており、知的発達症の程度の区別、とくに軽度の知的障害から定型発達の子どもまでは、限りなく連続体であると考え、子どもの不安感や困っている場面に応じて、子どもそれぞれのニーズに合った支援をすることが大切です。

　発達検査において、標準がIQ100とすると、おおむねIQ70以下を知的発達症と分類します。

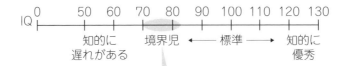

知的発達症は全人口の 2.5％程度であり、軽度のものがそのうちの 85％です。知的発達症の病因としては、ダウン症のような染色体異常、遺伝子病、先天性代謝異常、感染症、家族性の知的発達症などがあります。

知的発達症のある子どもは、発達が運動・言語・対人関係などでも標準の発達をしている子どもに比べてゆっくりです。支援をする際に重要なポイントは、発達評価を早期に行い、子どもの理解の程度がどの年齢の水準なのかを理解してから、支援内容を考慮します。一人ひとりの子どもに合った目標を設定し、ていねいに支援していくことが大切です。

ワーク2 知的発達症のある子どもと会ってみよう

今まで自分が出会った子どものなかに、同年齢の子どもたちより動作がゆっくり、言葉の理解がゆっくりなど知的発達症があると思われ、特別な支援が必要だと感じる子どもはいなかったでしょうか。思い浮かばない人はボランティアなどに出かけ、実際に子どもたちと接してみましょう。あるいは秋雪くん（p.12、15）について書いてみましょう。

星と虹色な子どもたち➡ブルーくん傾向

〈記入例〉

診断名	知的発達症のあるＤくん
年齢と性別	４歳児　男児
どこで出会ったか	ボランティア先の保育所
子どもの観察	保育所のボランティアで出会ったＤくん。言葉の発音にはっきりしないところがあり、保育士は何度か繰りかえして、ていねいに聞きとるようにしている。お気に入りのおもちゃなどを見つけると、口に入れてしまう。
保育者、周囲の大人からの聞きとり	穏やかで人なつこいが、ていねいなかかわりが必要。言葉で伝えるだけではなく身振り手振りやサインなども使って、Ｄくんに伝わっているか確かめながら生活している。トイレに行く前に失敗してしまうことが多く、どのようにしたらトイレに行きたいというサインを出せるか模索中である。

●知的発達症が軽度であるということ

IQ が 70 から 80 である境界児の子どもは、知的発達症のうち 85％を占めています。見かけの違いがあまりないので、本人の困っている点については見落とされがちですが、本来、個別の支援が必要です。

軽度の知的発達症の子どもは、支援を受けずに通常学級や保育所・幼稚園などでがんばる姿をよく目にします。集団への適応力が高い子どもも多く、支援は見送られがちになります。しかし、注意深く観察すると、本人が困っていたり、わからなくて不安なことは多くあります。保育者の話していることや集団での動きなど、学習面での積み重ねがうまくいかずに困

っていないか、不安になっている子どもがいないか気をつけてみましょう。

　現在、支援を受けずに通常学級へ進学してしまうケースは多く、中学校の通常学級に在籍していても、小学1年生の漢字を読めない、かけ算の九九が言えない、など学習や生活の積み重ねができないままという子どもたちを近年、多く見かけます。

　軽度の知的発達症の場合、生活や学習などを一つひとつていねいに育てていけば、できることは増えていきます。子どもの得意なところや良いところを見つめて、将来の自立に結びつくように良い経験を積み上げることが大切です。

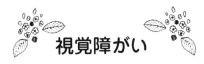

視覚障がい

　視覚障がいとは、未熟児で生まれる、あるいは白内障など視覚の疾患によって、医療の力では回復しない永続的な視覚機能の低下があり、活動や社会生活上に制約のある状態のことをいいます。実際には盲学校の幼稚部などで学ぶことが多いですが、知的発達症など他の疾患を伴うこともあり、療育機関や保育所、幼稚園、認定こども園でも共に生活することがあります。

　視覚障がいの程度は、**盲**と**弱視**に分かれます。視覚を用いて日常生活を行うことが困難なレベルの子どもを盲児といいますが、光をまったく感じない、光がわかる、目の前で手の動きがわかる、目の前で指の本数がわかるなど、程度に違いがあります。視覚が制限されていると、色、形、立体など乳幼児期に多くの視覚情報が伝わりにくく、視覚以外のさわる、音を聞く、など他の感覚刺激を通じ、乳幼児期から豊かな体験をすることが大切です。

　赤ちゃんが自分の手を不思議そうに見つめたり、仰向きの状態で手で足をつかんでなめたりするのを見たことはありませんか。視覚は、意識しなくても外界から飛び込んでくる大きな情報であり、動きを促し、好奇心を育てるため、発達に重要な刺激となります。

　しかし、これらの情報が少ない子どもたちにとっては、手を伸ばして何かをさわろうとする、人の顔や表情の違いで反応し笑う、など視覚からの情報や刺激を得る機会は減ってしまいます。視覚障がいがあるからこそ、視覚以外の感覚刺激は大切です。たとえば、音に対する感受性の高さ、匂い、触感などを刺激し、発達を支援していきましょう。

星と虹色な子どもたち➡プラチナくん

ワーク3　発見してみよう

　手ざわりの違いや聴こえる音の違いをどんな子どもにも保育の活動として生かすことができます。たとえば目をつぶってチャイムや鈴を鳴らしてみます。音の聴こえるほうに手を出してさわってみる。慣れてきたら、どこから音が聞こえるかクイズにしてみます。先生がどこから音を出しているか、そちらの方向を指してみるなどの活用は、子どもの集中力を高め、空間を認知する力を育てることができます。自分の声、手をたたいたときに出る反響などから判断して、部屋の広さや自分の位置がわかるという優れた聴覚に発達することもあります。

聴覚障がい

聴覚障がいとは、聞こえ能力に障がいがある状態のことです。耳、耳神経、脳のいずれかに機能的な問題があり、聞こえない、あるいは聞こえにくいという症状になります。先天性といって出産前に原因がある場合と、後天性といって出産後に起こる場合があります。たとえば出産前では、妊娠中にウイルスに感染する場合や遺伝、出産後では、薬の副作用や頭部外傷などがあります。

音が聞こえない・聞こえにくいと、話し言葉の習得や言葉の発達に影響があります。言葉によるコミュニケーションは、お互いの信頼関係や意思疎通に深い影響があり、なるべく幼い頃に発見され、適切な教育を受けることが、その後の発達や社会生活の質と関連してきますので、早期発見と早期支援が重要です。

保育所などでは聴覚障がいに対する早期発見のチャンスがあります。通常、家庭や乳幼児健康診断などで発見されますが、同じ年頃の子どものなかでは異なる反応に気づきやすいのです。突然の音に対する反応、視線の方向、振り向き、表情など日常の保育のなかで、年齢が近い子どもと異なる鈍い反応、気になる行動がある場合は精密検査につなぐようにします。

聴覚障がいのある子どものコミュニケーションの方法は、口話といって、伝える側の人がはっきりと口を動かして声を出すことで、子どもが音声を読みとり、自らも声を出して話す方法です。補聴器を活用することと読話で相手の発話を理解します。口話法は、相手が手話を知らなくてもコミュニケーションができるため、日本では多く指導が行われています。幼いころからていねいに繰りかえし学習することが必要で、周囲の人がはっきり、短く、具体的に、わかりやすく話すなどの配慮をすることが大切です。

また、手話は、近年では聾学校では幼稚部から使用することが増加しています。時代により口話法と手話はさまざまな議論や実践がありましたが、聴覚障がいと知的発達症が伴う場合もあり、その原因や時期、子どもの年齢や状況により、コミュニケーション支援のあらゆる努力がなされています。

星と虹色な子どもたち➡シルバーちゃん

●支援の方法

聴覚障がいに限らず、聞こえにくい、発話が聞き取りにくい、など同じ年頃の子どもよりコミュケーションに何らかの遅れや違いが感じられる場合、言葉を育てるための支援について大切なことは以下のようなことです。

まず、イメージや感動が共有しやすいように多くの体験活動を行います。その活動のなかで、保育者や親はできるかぎり、その場面における自分の気持ち、子どもの気持ち、見えるもの、聞こえるもの、考えていること、予想など、あらゆる心に浮かんだことを子どもにわ

かりやすいように言語化し、話しかけるようにします。話しかけるときに大切なのは、短く、具体的に、わかりやすく、ジェスチャーや豊かな表情、時には絵カード、タブレット、画像、ビデオなどを使用し、あらゆる方法で体験を肯定的に共有できるようにすることです。

　こども同士の話し合いや話しかけにも積極的に介入するようにし、相手の子どもの気持ち、自分の気持ちを言語化するよう促して、気持ちの通訳をするように努めます。絵日記やビデオによる振り返りなどを通じて、単語だけではなく、コミュニケーションとして適切な場面で的確な言葉とつながるように支援することが大切です。

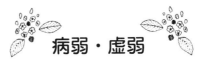

病弱・虚弱

　病弱とは、慢性疾患が長期にわたり、医療や生活規制を必要とする状態のことをいいます。代表的な疾患として、心臓、腎臓、気管支喘息、糖尿病、進行性筋ジストロフィーなどがあります。身体虚弱は、身体の諸機能の異常や病気に対する抵抗力が弱く、病気にかかりやすいため、長期の生活規制を必要とする状態をいいます。風邪などにかかりやすく、治りにくいなどがあります。

　病気の種類は、小児ガン、腎臓病、ぜんそく、心身症、肥満など多様になっています。入院、治療、付き添いなどが繰りかえされるため、母親が精神的・身体的に疲労し、不安定な状態になっている場合もあります。また兄弟姉妹に障がいや病気をかかえる子どもがいると、家族それぞれに負担がかかり、家族のケアが必要な状態になることも考えられます。地域のボランティア団体、福祉サービスなどを紹介し、母親だけで抱え込まないように園全体で支援体制をつくることが望まれます。

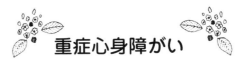

重症心身障がい

　重症心身障がいとは、重度の肢体不自由と重度精神遅滞を合併している状態です。判定の基準には、「大島の分類」が用いられることが多く、寝たきりやおすわりまでの運動機能とIQ35以下の知的発達症を共にもつ分類1〜4の範囲が当てはまります。

					(IQ)
					80
21	22	23	24	25	70
20	13	14	15	16	50
19	12	7	8	9	35
18	11	6	3	4	20
17	10	5	2	1	0
走れる	歩ける	歩行障がい	すわれる	寝たきり	

図4-1　大島の分類

　日本では、重症心身障がい児（者）はおよそ3万8000人いると推測されています。

　主な原因は、脳性まひや染色体異常、筋ジストロフィー、てんかんの後遺症などさまざまです。また、脳の障がいが重く、呼吸や食事をする機能に問題を抱えていたり、てんかん発作を伴うことも少なくありません。また、生活を送るなかで、側彎や股関節脱臼といった関節の変形や拘縮（関節が固くなった状態）、便秘、骨粗しょう症、骨折、褥瘡（床ずれ）など、二次障がいが起こりやすいため、活動や「過ごしの姿勢」や運動を配慮することが必要です。

　運動機能は、寝たきりやおすわりレベルのため、座位保持装置という姿勢を保持するための椅子や車椅子を使って生活する子どもが多いです。移動や食事、着替えなど生活のほとんどに介助が必要となるため、家族以外の介助者からも介助を受け入れられることが成長に伴って大切になります。

　また、音楽や光、揺れなど感覚的な遊びを楽しめる子どもが多いため、子どもの表情や身体の反応から好きなことや楽しめること、苦手なことを探し、色々な経験をすることも重要です。

　幼児期は、医療型児童発達支援で療育を受けることが多いですが、なかには家庭の事情で地域の保育所に通う場合もあります。学童期は、特別支援学校で教育を受ける子どもが多いです。継続的に主治医の診察、理学療法、作業療法などを受けます。

●医療的ケア

　医療的ケアとは、日常生活を送る上で必要な医療行為をいいます。また、病気の治療を目的とした医療行為とは区別されます。子どもの状態像は、重症心身障がい児が多いですが、なかには歩いたり走ったりできるなど様々です。医療技術が進歩したことから、地域で生活できる医療的ケアが必要な子どもが増えており、学校や保育の場で家族以外が医療的ケアを行える環境が整備されると、家族の付き添いがなくても通学や登園が可能になることがあります。医療的ケアには、呼吸や栄養、排泄があります。

> 呼吸：鼻水やたんを鼻や口・気管からチューブを使って吸引を行います。また、気管切開（のどを開いて呼吸できるようにする）部の衛生管理や自力で呼吸できない場合は人工呼吸器の管理などがあります。
> 栄養：口から食事を食べられない場合や飲み込みに障がいがあると、鼻や口・胃・腸などにチューブを通して流動食や栄養剤を注入する経管栄養を用います。
> 排泄：おしっこを自分で出すことができない場合、尿道にカテーテルを入れて膀胱内に溜まったおしっこを出す導尿を行います。

　どの医療的ケアも安全と衛生管理が重要です。また、医療行為が多いほど、室温など子どもが過ごす環境の変化で体調を崩す可能性があります。そのため、体温や呼吸状況、排泄状

況などの身体状況を把握してかかわることが必要です。

　学校における医療的ケアでは、「認定特定行為業務従事者」に認定されると、教員も一定の条件下で経管栄養やたんの吸引が行えます。しかし、現状は知識面やほかの児童も在籍する環境であることから看護師などの対応が中心です。人工呼吸器を使用している場合は、特別支援学校であっても家族か看護師の付き添いが必要となるため、毎日の通学が難しくなり、訪問教育を選択する家庭も少なくありません。

　そのため、家族は通学中に子どもに付きっきりとなるため、とくに付き添うことが多い母親の負担が大きくなりやすいです。さらに、経管栄養による食事の注入や投薬、導尿は1日に何回も定時に行う必要があるため時間の制約を受けやすく、家庭によっては限られた家族しか医療的ケアや介護を行えないため負担が集中しやすいのが現状です。

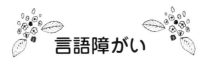

言語障がい

　同年齢の子どもに比べて言葉が遅れている状態を言語発達障がい、あるいは言語発達遅滞と言います。言葉が遅れている子どもの原因はさまざまです。

　まず、聴覚障がいがある場合は、話しかけてくれるお母さんや先生の声が聞こえておらず、自分の発する音も聞こえていないことが原因です。次に知的な障がいがある場合は、先ほども述べたように発達がゆっくりですので言葉の発達もゆっくりになります。

　ほかにも以下のような言語障がいがあります。

●構音障がい

　言葉は話しているけれど、なんだかはっきりしないという場合には、構音障がいといって発声のための音を作る段階になんらかの問題があることがあります。例えば、口蓋裂や口唇口蓋裂などの子どもは上あごや唇が切れた状態で生まれてくるため、うまく発声することができません。また、ダウン症の子どもは舌が短いため、思ったような発音ができないことがあります。そして、障がいはないけれど間違った舌の使い方を覚えてしまったために、うまく話せないという子どももいます。

●吃音
きつおん

　話す能力はあるのに、場面によって言葉が出ない子どもがいます。吃音と言い、家でリラックスしていると出ないのに、人前で話すような場面ではどもった話し方をしてしまいます。これは場面によるため、機能的な問題が原因ではありません。そのため吃音の子どもには、構音指導などは行わず、周囲の理解を求め、暖かく見守ることが大切です。他の子どもが面白がって真似をするような場合は、丁寧に説明し真似をしたりからかったりしないようにし

てもらいましょう。年齢と共に自然と回復することもあります。

●場面緘黙症

場面によって話せたり話せなくなったりする場面緘黙症という障がいがあり、発症率は約200人に1人と言われています。家では話をするけれど、園や学校では、話しかけても返事をしない、誰とも話さないといった様子が見られます。不安感から来ることがあるので、こちらも無理に話させようとせずに、まず話せない場面、場所をその子にとって安心できる場所にしていくことが大事です。

●コミュニケーションの障がい

コミュニケーションに障がいがある自閉スペクトラム症（ASD）の子ども（p.56〜）の場合は、言葉を話す必要性がわからなかったり、言葉のもつ意味そのものが理解できていないことがあります。言葉が風や車の走る音と同じく、音としてしか認識されなければ、相手に何かを伝える手段として言葉を話すことはできないでしょう。こういった子どもには気に入ったCMのセリフを繰りかえし話す、相手が語りかけた言葉をそのまま繰りかえす（エコラリア）という相手に伝えないような言葉の使い方が見られます。語りかけや共感する言葉を多く使うように心がけていると、コミュニケーションが上達するに従って、言葉の意味に気がつき話しはじめるようになることもあります。

言葉の発達には個人差が大きいです。発達自体がゆっくりであったり、話しかけられたりすることが少ない環境にいたことが原因かもしれません。言葉の遅れはわかりやすい指標ですが、すべてが障がいに結びつくわけではないことを理解しておきましょう。

Lesson 4のまとめ

この章では、肢体不自由・知的発達症・視覚障がい・聴覚障がい・病弱（虚弱）の障がいの特性について学びました。ただ、「○○症だから、できない」というように障がいの特性に当てはめて子どもを見るのではなく、子どものありのままの姿を受けとめ、そのうえで支援する際に障がいの特性について学んだことをヒントとして人間理解し、支援や配慮をすることが大切です。次の章では、自閉スペクトラム症など発達障がいについて学びましょう。

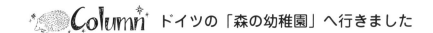
Column ドイツの「森の幼稚園」へ行きました

　森の幼稚園は 1950 年代半ばにデンマークで誕生した、森のなかで一日を過ごす幼稚園です。現在、ドイツには 300 以上あります。

　自然と子どもはとても仲良し。担任の先生は「子どもたちのなかにはお部屋より森の似合う子がいる」と話してくれました。"森が似合う子"は、もしかすると集団行動が苦手でじっとしていない子、観察が大好きで虫や葉っぱに夢中になる子かな？

　「コンクリートが合わない子もいる。だけど自然のなかに子どもを戻すと、悪い子なんて一人もいない」とおっしゃってました。この言葉が私の胸に残りました。

リュックを背負ってみんなで森に向かいます。一日中、森のなかで遊びます。歌を歌ったり、葉っぱや木の実を数えたりして、自然はみな大切な学びの環境です。

子どもたちが木の葉や実を水に浸し、凍らせたオブジェ。次の日、木にかけると、光を反射してきれい！

子どもは大自然。人間は自然のなかでこそ発達する。

LESSON 5

障がいの特性を理解する(2)

ASD（自閉スペクトラム症）
ADHD（注意欠如多動症）
LD（限局性学習症）
について学びます。

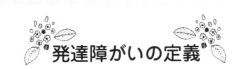

発達障がいの定義

　発達障がいを知っていますか？　Lesson4で学んだ肢体不自由の子どもは、車椅子に乗っていればわかりますし、知的発達症や聴覚障がいでも、程度の重い子どもは出会ったときの行動や様子でわかるので、支援の必要性を理解することができます。

　しかし、発達障がいは見た目ではわからないのが特徴です。むしろ、知的発達症がなく、知識が豊富であったり才能が豊かであるために、支援の必要性が見落とされ、困った行動ばかりが目につくことがあります。現在、支援を受けないまま困っている親子は大勢いて、みなさんの支援を待っています。

　発達障がいは、発育期の脳に何らかの要因が加わり、発達が阻害された結果、運動、行動、言語の遅れなど様々な症状で、発達に障がいをきたした状態です。

　同じ診断名であっても、子どもへの対応は一人ひとり異なりますが、ここではASD（自閉スペクトラム症）、ADHD（注意欠如多動症）、LD（限局性学習症）など、発達障がいとして代表的な障がいを学びましょう。

ASD（自閉スペクトラム症）の子ども

　障がいの特性の理解のなかで最も重要なのがASD（自閉スペクトラム症）の子どもたちへの理解です。ここでは概要を学びましょう。ASDには、「知的発達症のあるASD」と「知的発達症のないASD」があります。

　ASDは、2つの軸に分けて理解するとわかりやすいです。1つ目の軸はASDの程度、もう1つの軸は知的発達症の程度です。

　図5−1を見てください。理解しやすくするために、自閉症を4つに分けて説明します。

　1：ASDがどちらかというと重く、知的発達症がある
　2：ASDがどちらかというと軽く、知的発達症がある
　3：ASDがどちらかというと重く、知的発達症はない
　4：ASDがどちらかというと軽く、知的発達症はない

　実際には、このようにはっきり分かれるわけではなく、それぞれ区切りのまん中あたりに属すると思われる子どもは大勢います。健常な子どもから重度の自閉症がある子どもまでのあいだには、はっきりとした境界はなく、境界線は連続体であるため、**自閉スペクトラム症（ASD）**あるいは自閉症連続体と表現することがあります。本書では自閉スペクトラム症を以下、ASDと表現します。

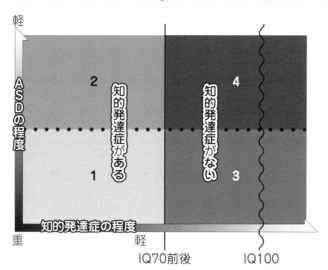

図5-1　ASD の程度

　ASD は目には見えない脳の障がいであるために、人々に誤解されることが非常に多く、親子を苦しめてきました。

　また、うつ病とは異なり、先天的な脳の疾患による障がいです。**愛情不足やしつけが原因でASDになることはありません。**ASD は治ることはありませんが、早期から良い支援を受けることで本人の不安が和らぎ、社会適応が良くなるケースは多くあります。

　ウイングという医師が ASD の症状を3つにまとめました。これをウイングの**三つ組**といいます。

ウイング の三つ組	①対人関係の障がい（社会的相互作用の欠如） ②コミュニケーションの障がい ③想像力の欠如

　多くは3歳以前に発症し、1歳半までに診断可能です。女児より男児が多く、およそ3対1です。

● ASD の子どもの感覚

ASD の子どもを支援するうえで理解が必要と考えられるのは以下の3つです。

＊多数派の私たちと異なる感覚をもっている
＊多数派の私たちより繊細で感受性が強い
＊多数派の私たちより不安が強いため、安心できる環境を好む

感覚の過敏さ、繊細さ、不安が強いという点が元々の原因で、特定の刺激にこだわったり、

社会性がないように誤解されたり、コミュニケーションがうまくいかなくなったりすることが多くあります。では、これらについて実例を紹介しながら、考えてみましょう。

人間は五感（見る・聞く・さわる・味わう・嗅ぐ）を使って生活し、コミュニケーションしています。ASDの子どもたちは、五感の感覚が私たちと異なるということです。

ASDの子どもによく見られる行動の例

＊坂道を極端に怖がるかと思えば、高いところに平気で上る
＊白いご飯しか食べない
＊水が大好きで、ずっと水をさわって遊んでいる
＊相手の言葉を繰りかえして言うが、会話が通じない
＊初めての道や場所に対してパニックになる
＊手をヒラヒラさせたり、ぐるぐる回る
＊繰りかえしのある歌やリズムが大好き

では、自分の五感について考えながら、もし感覚に違いや過敏性があったら、日常生活でどのように困るかを考えてみましょう。子どもが生活や遊びのなかで、どのように五感を使っているのかを「見る・聞く・さわる・味わう・嗅ぐ」に分けて、考えてみましょう。もしその感覚が人と異なって過敏だったり、鈍感だったりしたら、どんなことが起こるのでしょうか。ASDの子どもたちの世界を想像してみましょう。

ASDの子どもたちの五感の違い（例）

見る	多数派は、滑り台で遊ぶとき、どれくらいの高さなのか、危険か安全かを目で見ただけで判断する。 ➡高さがわからない高いところに平気で上ってしまう。 少しの下り坂が怖い。
聞く	多数派は、保育者の話を聞いて、次に何をするのか判断する。 ➡周囲がうるさいと、保育者の声が聞きとれない。 次に何をしてよいのかわからないので、集団行動からはずれる。 突然の音、掃除機の音、トイレの音などに過敏に反応して、泣きだす。
さわる	多数派は、保育者に抱っこされて安心する。皮膚のやわらかく、ふんわりした感じに安心感をおぼえる ➡皮膚の感覚が過敏なので、抱っこは嫌い。そっくりかえる。 急に人にさわられると痛く感じ、びっくりする。 シャワーを痛く感じるので、嫌がる。
味わう	多数派は、おいしい食事を味わう ➡フライなど、トゲトゲした食感のものを痛いと感じる。 ブロッコリーは、食感がゴムのように感じる。 白いごはんが安心。毒々しい色のものは食べない。
嗅ぐ	多数派は、レモン石けんの匂いが良い匂いだと感じる ➡レモン石けんの匂いは刺激が強く逃げ回る。 手を洗うたび、匂いが嫌でパニックになり、友達を押す。

ASD の子どもは、これらの例のように、多数派の私たちとは異なる感覚をもっています。なかでも、見え方、聞こえ方、匂い、身体の感覚、皮膚の感覚、さわったときの感じ方などは、私たちより敏感であったり、鈍感であったりします。それらの感覚の違いによって、遠くのものが近くに見える、突然の大きな音が爆発音のように聞こえる、というように私たちと異なった繊細な、もしくは鈍感な感覚を持ち合わせていることがあります。

　それらの感覚の違いを理解していることが大切です。我慢を強要しても、訓練でよくなることはなく、感覚の違いや痛みを和らげるには、まず信頼関係を築き、環境を調整します。

　そこで、初めに保育所や幼稚園のなかにも、安心できるスペースをつくってみます。一時避難できるお休み処やリソースルーム、スペースなどが周囲にあれば、「感覚過敏」といわれる感覚の違いも和らげることができます。休む場所があること、安心できる人が近くにいることが重要なのです。

　ASD の子どもの支援は、次のようなものが有効です。

ASD の子どもへの支援

1
睡眠覚醒のリズムを
整える
↓
なるべく決まった午前
の時間に運動、外遊び、
食事などをする。

2
コミュニケーションの
方法を工夫する
↓
サイン、図、絵などを
取り入れて、次に何を
するのかわかりやすく
ガイドする。

3
信頼関係づくりに
時間をかける
↓
感覚遊び(水、泥、
砂、風、光など)を
共に楽しみながら、
信頼関係を築く。

4
感覚の違いは強要せず、
和らげる方向でサポートする
↓
大きな音のしないところに
逃がす、嫌いな音や
匂いなどから遠ざける。
休める場所を
つくっておく。

5
予定はなるべく
先に伝える
↓
予定がわかっていると
落ち着くので、先に予
定や変更を伝える。

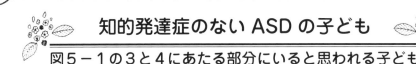

知的発達症のない ASD の子ども
図5－1の3と4にあたる部分にいると思われる子ども

　図5－1（p.57）を見ましょう。ここでは、ASD のなかでも3と4の部分に当たる、知的発達症のない ASD（以前、高機能自閉症と診断されていた）について学びます。

　知的発達症のない ASD は、知的水準が標準かそれ以上あり、特定の分野で非常に優れた能力を発揮することも多いため、「頭が良いのにわがままな子」と誤解されやすく、支援のニーズが見落とされがちです。そのため、支援の遅れるケースがしばしば見受けられます。

　知的発達症のない ASD の特徴として、集団のなかに入ると感覚の過敏性やコミュニケーションのすれ違いから、不適応を起こすことがあります。そのため、どこか変わった人、奇異な行動が多い人、などと思われてしまう場合があります。家庭では親が子どもに合わせているため、ほとんど問題がないのですが、集団のなかに入ると子どもたち同士のトラブルが多く、ほかの子どもと同じ行動がとりにくいことから、保育者によって初めて気づかれることも多くあります。

　その際、保護者や保育者、教員などが知的発達症のない ASD のことを学んでいないと、無理やり同じことをさせたり、集団に入れようとして、不適応状態がひどくなる二次障がいを引き起こす場合が多くあります。二次障がいとは、本来の障がいではなく、後天的に本人に合わない環境や人間関係により心が傷つけられるなど、二次的な障がい等を指します。

●支援の方法

　知的発達症のない ASD は知的に障がいがなくても、自閉症の特性のひとつである感覚過敏・感覚障害などがあるために、見え方、聞こえ方、感じ方の違いから来る不安と混乱を抱えていることがよくあります。

　周囲の理解が不足している環境、たとえば成果だけを見せ競い合う発表会や運動会、画一的な価値観による教育、人の尊厳を傷つける強制的指導などが多い保育所や幼稚園では、知的発達症のない ASD の子どもは不適応がひどくなります。

　子ども同士でも仲間はずれ、からかい、いじめなどにつながり、子ども同士のトラブルから親の人間関係まで難しくなり、親子で孤立してしまうケースが現在、多く見られます。知的発達症のない ASD は人一倍に繊細な心をもっており、才能豊かな子どもがたくさんいます。支援方法は、次のようにまとめられます。

①時間や空間が構造化され、わかりやすくシンプルであること

②言葉だけを手がかりにせず、絵、動作、シンボルなどのコミュニケーション手段を取り入れること

③繊細な感覚の違いを考慮した安らげる空間の準備や、いつでも相談できる体制づくりなど、一人ひとりの特性に応じたきめ細やかな支援が必要

④できないことを無理にさせるより、優れた才能を認めて伸ばす

親、友達、保育者などが彼らの特性を理解し、混乱や不安を最小限にするよう、お互いが自然にできる支援体制を整えます。

言語の遅れがない ASD について

アスペルガー症候群は、DSM−4 まで診断されていた言語の遅れがほとんどない ASD です。現在は ASD に含まれるようになりました。知識量が豊富でよく話す子どもも多いことから、支援の必要性が見落とされがちになります。また、1000 人に約 3 人の割合で男子に多く、幼い頃は電車や部品への興味、言語の発達や読み書き、記憶力等に優れているなど才能豊かで繊細です。その一方で、新しい環境に適応しにくく、慣れるまでに時間がかかるため、過敏で育てにくいと感じることが多い場合があります。

アスペルガー症候群の子どもの多くは、感覚の過敏性とコミュニケーション障がいに対する支援が早期に必要です。幼少期は皮膚の感覚の違いから、抱っこを嫌がる、少しの音や匂い、刺激に敏感に反応する、好きな遊びに没頭すると切りかえが難しい、睡眠と覚醒のリズムが乱れがちなどの症状が見られます。子育てや保育のなかでは、多くの支援ポイントがありますが、理解のできる人は不足しています。

 ### ワーク1 知的発達症のない ASD の子どもについて考えてみよう

知的発達症のない ASD の子どもの特徴を挙げますので、身近な子どもを自然観察しながら、同じような傾向があり、困ったり不安になっている子どもがいないか記録してみましょう。出会ったことのない人はボランティア先などでよく観察して、経験豊かな保育者から知的発達症のない ASD の子どもについての聞きとりをしてみましょう。

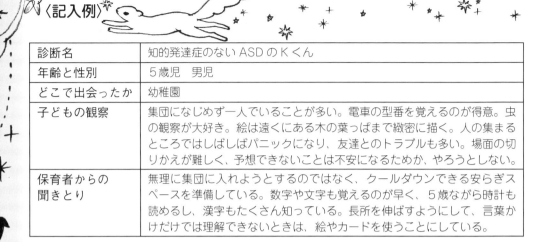

〈記入例〉

診断名	知的発達症のない ASD の K くん
年齢と性別	5 歳児　男児
どこで出会ったか	幼稚園
子どもの観察	集団になじめず一人でいることが多い。電車の型番を覚えるのが得意。虫の観察が大好き。絵は遠くにある木の葉っぱまで緻密に描く。人の集まるところではしばしばパニックになり、友達とのトラブルも多い。場面の切りかえが難しく、予想できないことは不安になるためか、やろうとしない。
保育者からの聞きとり	無理に集団に入れようとするのではなく、クールダウンできる安らぎスペースを準備している。数字や文字も覚えるのが早く、5 歳ながら時計も読めるし、漢字もたくさん知っている。長所を伸ばすようにして、言葉かけだけでは理解できないときは、絵やカードを使うことにしている。

解説

　知的発達症のない ASD の子どもは支援を受けないまま大人になることも多く、周囲から「変わった人」「空気が読めない人」などと評されることが多いようです。また、保護者に同様の傾向が見受けられる場合もよくあります。周囲からの理解がないと、人と異なる行動を問題行動と誤解され、叱責されたり、いじめられるなど、心が傷つけられることもあります。ASD の子どもは才能豊かです。"みんなと同じ"を求めすぎず、良さを見つめて保育をしていきましょう。

ASD（自閉スペクトラム症）の特徴

星と虹色な子どもたち➡レッドくん、グリーンさん、アクアさん傾向

集団への適応
* 初めての場になじむのに時間がかかる
* 気持ちや場面の切りかえが苦手
* 大勢の人がいるところに入れない
* 初めての人の顔や名前がなかなか一致しない
* 変更が苦手

コミュニケーション
* あそこ、さっき、どんななど、あいまいな言葉が通じにくい
* 記憶力が非常によく、過去にこだわる。言い出したら聞かない
* 自分の興味のあることは話すが、会話が一方通行
* 人の気持ちの表現が難しい
* 聞いてはいけないこと、話しては相手が傷つくことも、正直に言ってしまう

特別な才能
* カレンダー、虫、電車、ブロックなど好きなことや得意なことに詳しい
* 独特な絵の才能がある。音楽を一度聴いただけや、楽譜を一度見ただけですぐ弾ける
* 年齢以上に、カレンダー、時計、アルファベットが読めたり、計算などができる。豊富な知識

ぎこちない動き
* バランスが悪く、すぐ転んだり、つまずく。ボール運動が苦手
* 手先が不器用
* よく人にぶつかる。坂道などを怖がる

性格
* 正直で誠実
* 繊細で傷つきやすく、誇り高い
* 得意なことに夢中になる

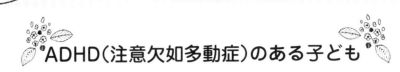

ADHD（注意欠如多動症）のある子ども

ADHDには次の３つのタイプがあります。
①不注意が優位なタイプ
②多動性・衝動性が優位なタイプ
③両方の症状をもっているタイプ

　12歳までに、症状が６カ月以上、家庭や保育所等の公共の場など複数の環境で発現します。原因として、胎児期と出生後の遺伝・環境要因が多いといわれており、脳の形態異常や機能異常が報告されています。また、ADHDは学童の３％から12%程度ですが、診断にはばらつきが多く、診断を受けていない子どもが多く存在することが示唆されています。

①不注意が優位なタイプ

　不注意な傾向がある子どもは女子に多く、周囲が気づきにくいです。忘れ物が多い、時間を守れない、よく物をなくす、話をちゃんと聞けない、同じ過ちを繰りかえすなど、とかく本人の怠惰や性格の問題のように誤解を受けることになり、周囲に認められにくい傾向があります。自分に自信がつくと、得意な分野の才能を発揮することができます。

②多動性・衝動性が優位なタイプ

　幼年期から小学校低学年にかけて、多動性や衝動性が優位にあるタイプの子どもは周囲の目に留まりやすいので、比較的早く支援を行うことができます。多動性とは、じっと座っていられない、カッとなりやすい、など。衝動性は、次々と興味・関心が移る、聞きかえしや人の話への割り込みが多い、話し出すと止まらないなどの特性があります。
　このような行動は一時的にはどんな子にもありますが、年齢と比べて著しく激しい場合は、受診が必要です。大抵は問題行動として取り上げられるため、彼らなりの理由を理解しないと支援に結びつかず、叱責や脅かしで二次障がいを引き起こすケースが多くあります。「叱られてばかりで、自分はダメな子だ」と、自分を大切にする気持ちは低下しがちになってしまうのです。

●支援の方法

ADHD に合った支援には、次のようなものがあります。

・時間の区切りを明確にする
・１つの活動時間を短くして、場面切りかえを早くする
・その都度、本人にわかるようにすぐほめる
・静かにする場面と動く場面を繰りかえし入れる

一番効果があるのは、ほめて伸ばす、認めて伸ばすなどの肯定的な働きかけをていねいにすることです。良い行動を教え、できなくても保育者はイライラせず、おおらかな気持ちで待ちます。少しでも改善するためのそぶりを見せたら、すぐ認めてほめること、ここを繰りかえし根気よく続けます。ADHD の子どもたちは、周囲に認められたり、人の役に立つ役目を与えられる機会を増やすと、本来の豊かな才能を発揮します。

一方、強制的な押しつけや力による支配、みんなと同じように静かにする、部屋にいる、などを求めすぎると、本人の心を傷つけ、自傷や他傷行為などが出現します。これらは思春期以降、あるいは成人してから、本来の障がいではない心が傷つけられることによる二次障がいを引き起こす危険性があります。

●薬について

薬を使うためには、信頼できる主治医とめぐり合うことが必要です。薬は中枢神経刺激剤を使用しますが、副作用の心配などから使うことに抵抗を感じる保護者も多いようです。薬の量や飲み方など、医療機関と綿密に連絡を取り、適切に使うことで、落ち着きなく動き回っていた子どもが、「急に音がよく聞こえるようになった」「話がわかるようになった」と話すなど、行動に良い変容が見られることがあります。信頼できる医師、保護者、保育者が連携することが薬の服用の有無や使い方を決める際には、不可欠となります。

 **ワーク2** ADHD のある子どもについて考えてみよう

　今まで自分が出会った子どものなかに、しゃべらない、集団からすぐ出ていってしまう、など ADHD が疑われる子どもはいたでしょうか。思い浮かばない人はボランティアなどに出かけ、実際に子どもたちと接してみましょう。

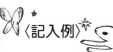 〈記入例〉

診断名	気になる子　Fくん
年齢と性別	5歳児　男児
どこで出会ったか	ボランティア先の幼稚園
子どもの観察	幼稚園のボランティアで出会ったFくん。集まりの場面になると園庭にフラフラと出ていってしまうことが多い。整理整頓ができず、注意されると癇癪を起こす。読み聞かせなどでも、一人だけ席を立ってフラフラしてしまう。
保育者からの聞きとり	集中できる時間が短いので、10分以内に活動や説明を終わらせるようにしている。静かにしていることが苦手なので、身体を先に動かし、また動くことを多く取り入れている。話すときは一対一で椅子に座って、お互い深呼吸してから話す。興奮しているときはその場から離し、叱らずに落ち着くまで待つ。整理は、小分けできる整理ボックスに、整理された写真を貼る。

ADHD のある子どもの特徴

星と虹色な子どもたち➡オレンジちゃん、イエローちゃん傾向

多動性や衝動性
＊席にじっと座っていない。集中時間が短い　＊忘れ物が多い
＊話すと止まらない。話に割りこんでくる
＊集中の先が次々に移りかわる
＊優先順位がわからない。時間に無頓着
＊言葉での説明だけだとわからない
＊前にしたことをすぐ忘れてしまう

不注意
＊少しのことに不安になる
＊過敏性が強い
＊整理整頓ができない
＊不注意で同じミスを繰りかえす
＊活動の変化に適応しにくい

特別な才能
＊集中すると力を発揮する
＊発想が豊か
＊おもしろい
＊独創性がある
＊エネルギーがある

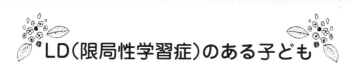

LD（限局性学習症）のある子ども

　LDとは、聞く、読む、書く、計算する、推論するなど、特定の学習能力を習得することに困難のある障がいです。個人のなかの能力の偏りが大きく、学習面で得意なものと不得意なものの偏りがあります。

　気づかれるのは、本格的な勉強が始まる小学校入学以降になってからが多いです。幼児期にも、一人だけ理解ができない、形の認知ができない、説明がわからない、はさみが使えない、など子どもは苦しい思いをしていますが、特定の分野だけが苦手なので、発見が遅れがちなのです。知的発達症と異なり、様々な学習能力は平均以上になる子どもも多いため、なまけていると思われがちですが、日常的な学習のなかで努力してもどうしてもできない部分があります。

　学校で専門的な指導を受けられれば、本人の努力と成果をていねいに見て理解度を診断するため、苦手な分野は少しずつ得意な分野でカバーしながら、学習成果を上げることができます。本人の努力が足りないのではないかとか、なまけていると思われて、叱責されることが多いため、能力が過小評価されがちです。

 ## ワーク3　LDのある子どもについて考えてみよう

　LDの子どもの特徴を挙げますので、身近な子どもを自然観察しながら、同じような傾向があり、困ったり不安がっている子どもがいないか記録してみましょう。出会ったことのない人は、知り合いやボランティア先などにLDのある子どもについての聞きとりをしてみましょう。

LDの
子どもの特徴

＊聞こえていても、言葉の意味の正しい理解ができない

＊聞き違いによる勘違いが多い

＊言いたいことを表現することが苦手

＊話の組み立てが難しい

＊話の要点がわからない

＊○や△のような形を認識できない

＊理由と結果の結びつきの理解が難しい

＊歌やダンスを覚えられない

＊行事などの際、隊形移動などの方向がわからない

診断名

年齢と性別

どこで
出会ったか

子どもの観察

保育者からの
聞きとり

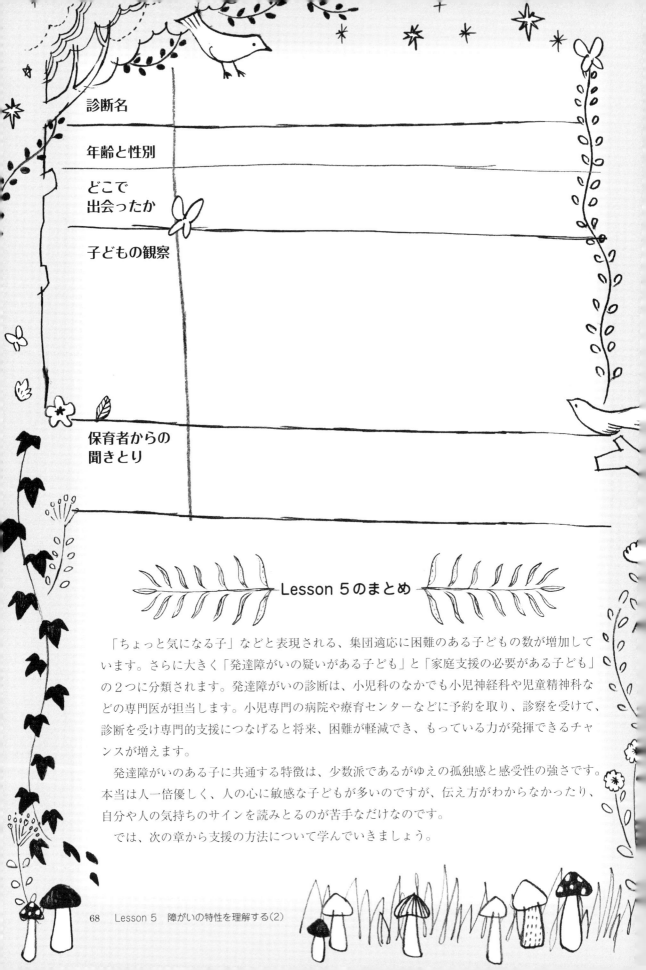

Lesson 5のまとめ

　「ちょっと気になる子」などと表現される、集団適応に困難のある子どもの数が増加しています。さらに大きく「発達障がいの疑いがある子ども」と「家庭支援の必要がある子ども」の2つに分類されます。発達障がいの診断は、小児科のなかでも小児神経科や児童精神科などの専門医が担当します。小児専門の病院や療育センターなどに予約を取り、診察を受けて、診断を受け専門的支援につなげると将来、困難が軽減でき、もっている力が発揮できるチャンスが増えます。

　発達障がいのある子に共通する特徴は、少数派であるがゆえの孤独感と感受性の強さです。本当は人一倍優しく、人の心に敏感な子どもが多いのですが、伝え方がわからなかったり、自分や人の気持ちのサインを読みとるのが苦手なだけなのです。

　では、次の章から支援の方法について学んでいきましょう。

LESSON 6

支援方法を理解する

1. 心の支援

支援には、心・発達・行動・環境調整・連携の5つの視点があります。この章では、心を支える支援方法について学びましょう。

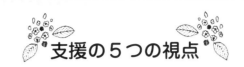

支援の5つの視点

　特別な支援を必要とする子どもが困っていることや不安に寄りそってみましょう。子どもの不安は、保育者や保護者の悩みでもあります。支援で大切なのは、行動そのものではなく、行動の原因を理解することです。なぜ困っているのか、怒っているのか、黙ったままなのか。保育者が子どもを深く理解し、様々な支援方法を知っていると、子どもたちは伸びはじめます。それには子どもが自ら伸びるための環境づくりが何より大切です。

　1つの方法で一人の保育者が支援することは難しいため、子どもに合わせて様々な方法を組み合わせていきます。その子の特性や状態を理解しながら、個別的に環境を調整し、根気よくていねいに、保育者と親がチームになって対応します。

　特別支援の方法は一人ひとり違います。表面的な知識での画一的な指導や、強制的・威圧的な指導、中途半端な知識は、子どもを傷つける結果になります。経験豊かなスーパーバイザーを入れて複数で方針を共有すること、わからないことは気軽に聞くことを心がけましょう。

　特別な支援は、ただありのままの子どもを認め、子どもが一人で何かをできるようになることをサポートする、人間理解の教育です。保育者が子どもを理解して柔軟に対応できれば、あたりまえの対応ですが、一人ひとり違うので、よりていねいにサポートしていくという根気強さが求められるのです。

　ここでは、支援の5つの視点を学びましょう。

　一人の子どもを1本の豊かな木と仮定し、それを子どもの発達にたとえて、基本的な支援について考えてみます。

　図6−1にある木を見てください。この木が豊かに育つ環境づくりをサポートし、しっかり根を張った豊かな子どもに育てるのが私たちの使命です。

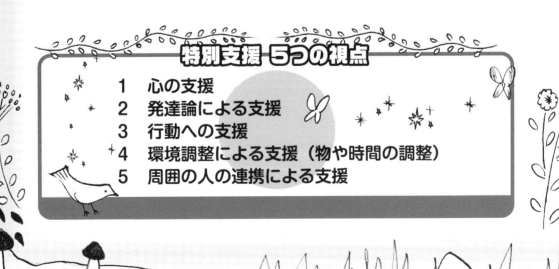

特別支援 5つの視点

1　心の支援
2　発達論による支援
3　行動への支援
4　環境調整による支援（物や時間の調整）
5　周囲の人の連携による支援

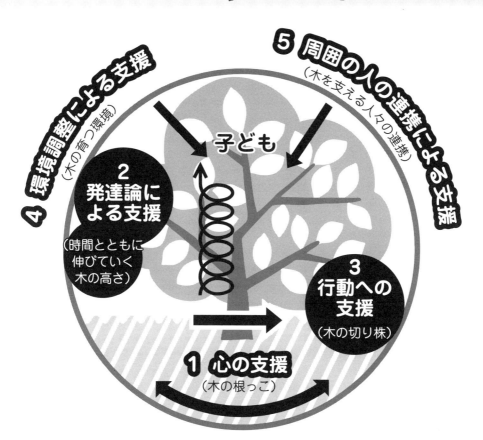

図6-1　1本の木を子どもに見立てた、特別支援5つの視点

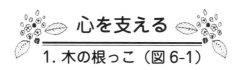

心を支える
1. 木の根っこ（図6-1）

　木の幹や葉は、誰の目にも見える部分です。一方、木の根っこは土のなかにあって、私たちの目に見えないところに隠れています。しかし、この根っこが一番大切で、子どもの場合も根がしっかり育っていないと、どんなに賢くても嵐や風が来れば倒れてしまいます。

　一本の木を子どもに見立てたとき、根っこに当たるのが、子どもの心の育ちです。葉っぱや幹や枝は、目に見える行動にたとえられます。子どもの良い行動と悪い行動は誰にでも見えやすく、その行動を何とかしたいと多くの大人は考えます。でも、本当に大切な支援は、目に見えない根っこの部分、つまり心の育ちへの支援なのです。

　母子相互作用とは、母親と子どもの温かなやりとりと関係性のことをいいますが、この母子相互作用があってこそ、子どもの心は育ちます。周囲の大人からの安定した愛情と見守り

が得られた子どもは、人としての心の根っこが育ち、少しのことでは揺らがない豊かな心をもつことができます。母親への絶対的な信頼関係である愛着が育つと、父親、兄姉、家族、保育者、友達へと愛着の対象を広げていきます。

　このように、人間の発達の根っこの部分は、心の育ちです。絶対的な信頼関係を得られる人にめぐり合えるかどうか、それは子どもの責任ではなく、たまたま出会った大人の豊かさに左右されます。母親に代わって長時間を共に過ごす保育者の理解はとても大切です。発達障がいの診断を受けているかどうかにかかわらず、人より手がかかる、過敏、育てにくいといった子どもと出会ったら、人一倍の愛情を注ぎましょう。

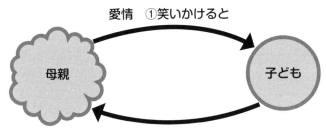

●親子関係を支える

　母親や父親から愛着を得ることができず、たとえば虐待されて育つと、子どもの心はどうなるのでしょうか？　愛着の得られなかった子どもは安全基地がないので、傷つくことがあっても、自分で守るしかありません。誰も癒してくれる相手がいなければ、冒険も前進もできず、子どもの心の育ちは不安定になります。自分にとって大切な人である保育者や友達であっても、傷つけたり裏切ったり、愛情をわざと試してみたり、などと心が不安定になりがちです。

　ただ、子どもの脳がたまたま多数派と異なっており、切りかえが難しい、なかなか人の顔を覚えないなどの特性をもつ場合もあります。生まれた子どもを育てている母親の気持ちになって考えてみれば、どんなに自分が働きかけても笑ってくれない、反応しない、夜も寝てくれず、いつも疲れている。人に迷惑をかける行動をするわが子のことで謝ったり責められたりすることが多くあると、どんな母親であっても、つらい子育てになってしまいます。

●保育者ができること

　感覚の過敏さから、抱っこを嫌がる子もいます。私たちは哺乳類ですから、子どもは通常、母親や父親に抱かれて授乳されることで命を守られ、安心しながら育ちます。温かで柔らか

い抱っこの感触は、抱かれているだけで安心感と信頼感をもたらします。また、傷ついたときも眠いときも、甘えたいときも、抱っこすることで多くの子どもは心が癒され、満たされています。

　振り向かない、笑わない、自分のことを親だとわからない……。一生懸命に子育てをしても、子どもから笑顔や抱っこを喜ぶなど反応が返ってこない、こんな場合、母親は子どものことをどのように感じるでしょうか？

　子どもをかわいく思えない、子どもに愛着を感じないという感情が芽生えても不思議ではありません。母子相互作用は、お互いの愛情のキャッチボールですから、母親が働きかけても子どもが反応してくれない、子どもからサインを出しても母親が反応してくれないといった状況では、愛着形成へのリスクがあります。このような親子をサポートするために、早期支援はとても大切です。母と子が傷つけあう関係になる前に、早期に支援に入り、母親の疲労感、無関心、虐待へと進行するリスクを最小限にとどめるのも保育者の役目といえます。

●傷つけあう人間関係から、育みあう人間関係へ

　親も子も周囲から責められつづけると、愛着障がいという深刻な状態に陥っていきます。その特徴は本来、子どもが最も大切にすべき、自分を守ってくれるべき人さえ傷つけるという行為になって、年を経るごとに深刻な形で現れます。悪循環に陥ると、孤立し、自分を責め、傷つけることが多くなります。発達障がいの特性そのものではなく、二次的に心が傷つけられることを二次障がいといいます。

　しかし、障がいそのものを治すことができなくても、保育者のていねいなかかわりで母子の支援を行えば、予防することができます。親子が周囲の人に対しての不信感や反抗、自分は理解されてないという絶望感などに苛まれる前に、周囲から温かな支援を始めましょう。

　子どもは障がいのあるなしにかかわらず、愛情に包まれて、その存在を無条件に受容される環境が必要です。その環境は子どもが選べるものではなく、周囲の大人の努力によるものです。

　現在、様々な問題行動がある子どもの多くは家庭に課題を抱えています。大抵は親子関係のなかで十分に満たされ安心できる居場所が見当たらないことが原因です。自分の存在が否定される、自分を守ってくれる人がいない、傷つけられても回復できる場所がない、このような状況にいると、人は情緒が不安定になります。

　親子関係や情緒障がいが深刻な場合は、保育者だけで対応することは難しいので、家庭支援センター、児童相談所、あるいは心理士や児童精神科の医師など専門家と連携して支援していくことが大切です。

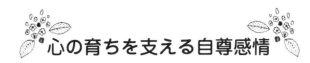

心の育ちを支える自尊感情

　自尊感情とは、自分を大切に思う気持ちです。自尊感情を育てるために2つの大切な要素があります。1つには、温かい家庭のなかで、子どものありのままの存在が無条件に認められ、慈しまれることです。脳の障がいがある特別支援が必要な子どもが支援を受けないままでいると、親、友達、保育者から叱責が多くなり、ありのままの自分を認められないことが多いため、心が傷つけられる経験が増えます。

　とくに軽度知的発達症のある子どもや発達障がいの子どもは、感受性が高く、まじめで優しい子どもも多いため、自尊感情を育てるためには、できることを見つけて、ありのままの姿を認め、ほめることがとても大切です。

　また、特別支援の必要な子どもは、子どもの集団のなかでの安心感や存在感が必要です。毎日を共に過ごす仲間と居心地の良い環境のなかで伸びていきます。その際、自分の役割がある、人に認められる機会が多くあるかどうかで自尊感情の育ち方は異なってきます。親がどんなに子どもを大切にしていても、保育所・幼稚園などの集団生活の場で、その子どもがどのような存在として、ほかの子どもに受け入れられているのかが重要なのです。

　とくに、どの子どもにとっても、友達はとても大切です。同世代の友達集団から嫌がられ、いじめられている子どもは、自尊感情が育ちません。一緒に過ごしている友達から自分の存在が認められ、大切にされてこそ、子どもの心は育つともいえるでしょう。

> 　家庭と子どもの集団。どちらの環境でも、一人の人間として尊厳が
> 大切にされていることは、どんな子どもにとっても大切！

●家庭機能の低下

　自尊感情は愛着が育まれる家庭と保育所や幼稚園で育ちますが、近年、言葉や暴力で傷つけあう親子が増えています。子どもに暴言・暴力がある場合、周囲の大人から傷つけられていることを疑ってみてください。

　また、子育てに無関心で、養育しない・できない親も増えています。親はいるものの愛着関係を育んでいない場合も、同様に子どもの心は育ちませんので、自信がなく、自分を大切に思えない子どもになる可能性があります。

　子どもだけではなく大人でも、特定の人に安定した愛着をつくることができなかったり、健全な愛着を得られなかった人は、心が不安定になって人を基本的に信頼できず、一生、愛着の対象を求めてさまよい歩くことになります。

　そして、家庭のなかで絶対的に自分を守ってくれ、信頼できる養育者に恵まれなかった子

どもの多くは、将来、情緒障がいや問題行動を引き起こし、また自分が家庭をもってからも子どもを大切にできず、虐待や家庭崩壊を繰りかえすという悪循環に陥ることもあります。

　発達障がいのある子どもの場合、本人の特性、親の疲労、周囲の無理解などで、本人の心が傷つけられるリスクは高まります。親も子どもも支援を受けずに、本人の努力や責任にされてしまうと、自分がなぜ努力してもできないのか、なぜ友達ができないのかも理解することができないまま、傷つけあう関係になる可能性があります。

　現在、子どもたちは健全な愛着を育むことが難しくなっています。支援の必要な子どもだけではなく、周囲の子どもの心が育っていないケースのほうが多いように思います。心の部分を愛情豊かに大切に育て、サポートしていきましょう。

　一方、親のほうも子育ての時代に、自分を支えてくれる理解者、支援者、保育者にめぐり合えるかどうかがとても大切です。

心の支援で
大切なこと

＊家庭のなかと保育所や幼稚園のなかに、
　それぞれ安心できる人と居場所がある
＊ありのままの自分を受け入れ認められていると、
　子ども自身が実感している

ワーク1
自尊感情について考えてみよう

　知的発達症のない ASD の S くんは、自分に自信がなく、乱暴で、しばしば「ぼくなんて、いなくなればいいんだ……」と言います。では、S くんの自尊感情を育てるために、どんな方法があるでしょうか。以下の例を参考に考えてみましょう。

例）１．ありのままの子どもを認め、受け入れる
　　２．できることを見つめて伸ばす
　　３．失敗しても責めず、課題を簡単にして、できることを大切にする
　　４．失敗は気にせず、やり直しすればよいと励ます
　　５．子どものがんばりを認める。結果ではなく、がんばった過程を見つめる
　　６．自分の自尊感情を高める
　　７．出会えてよかったと言葉や態度に出す

　では、みなさんも S くんが自尊感情をアップする（自分で自分を大切に思える）ために、どんな支援をしたらよいのか考えてみましょう。

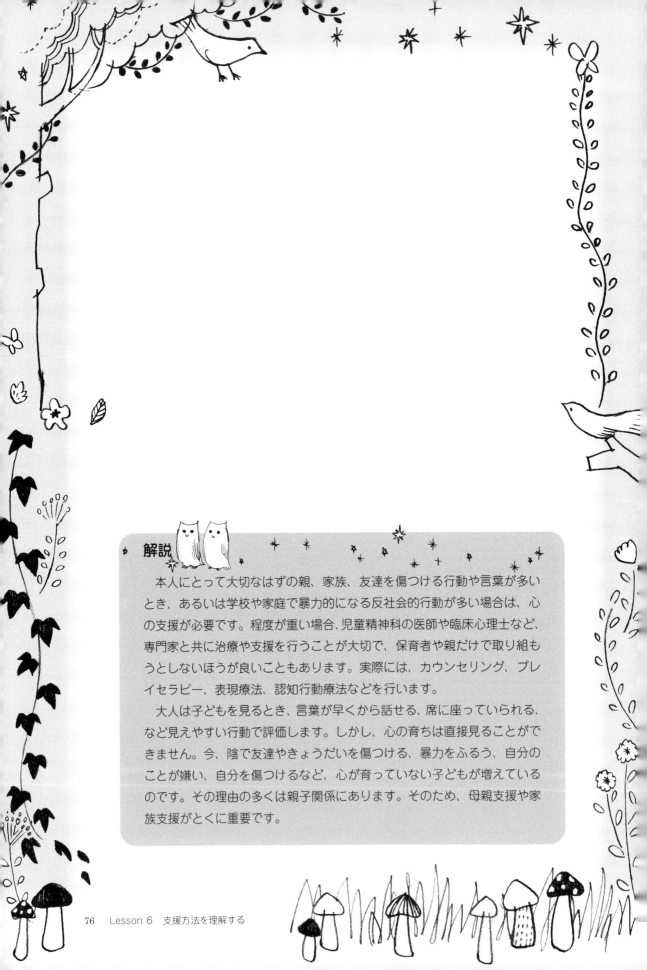

解説

　本人にとって大切なはずの親、家族、友達を傷つける行動や言葉が多いとき、あるいは学校や家庭で暴力的になる反社会的行動が多い場合は、心の支援が必要です。程度が重い場合、児童精神科の医師や臨床心理士など、専門家と共に治療や支援を行うことが大切で、保育者や親だけで取り組もうとしないほうが良いこともあります。実際には、カウンセリング、プレイセラピー、表現療法、認知行動療法などを行います。

　大人は子どもを見るとき、言葉が早くから話せる、席に座っていられる、など見えやすい行動で評価します。しかし、心の育ちは直接見ることができません。今、陰で友達やきょうだいを傷つける、暴力をふるう、自分のことが嫌い、自分を傷つけるなど、心が育っていない子どもが増えているのです。その理由の多くは親子関係にあります。そのため、母親支援や家族支援がとくに重要です。

ワーク2 自分の自尊感情を育むために

では、次にみなさん自身の自尊感情を育む（自分で自分を大切に思える）ために、自分の素敵なところを書いてみましょう。

小さい
子どもが大好き。
すぐイ中良くなれる

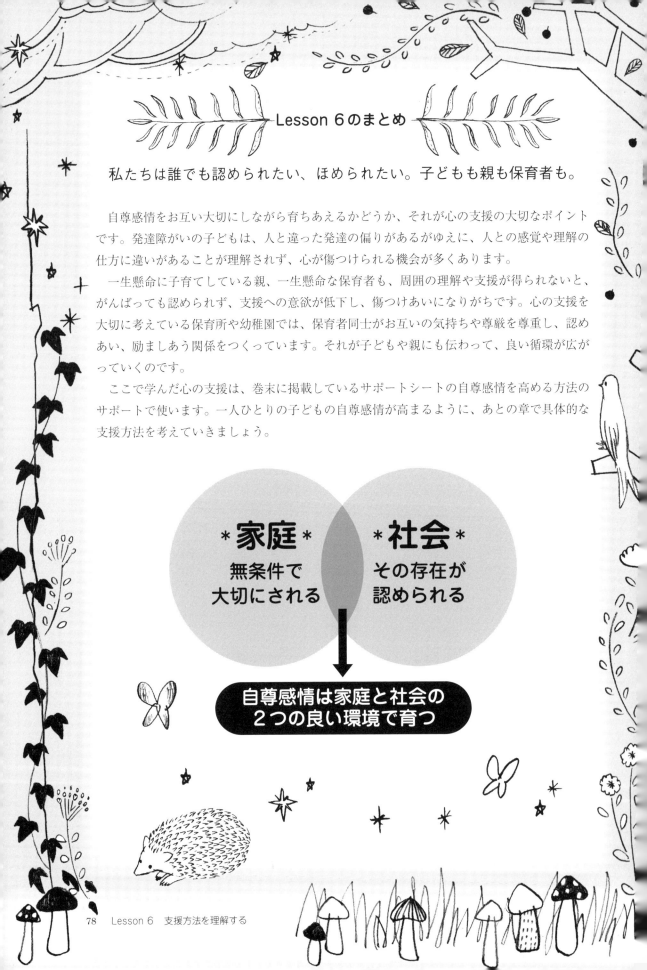

Lesson 6のまとめ

私たちは誰でも認められたい、ほめられたい。子どもも親も保育者も。

　自尊感情をお互い大切にしながら育ちあえるかどうか、それが心の支援の大切なポイントです。発達障がいの子どもは、人と違った発達の偏りがあるがゆえに、人との感覚や理解の仕方に違いがあることが理解されず、心が傷つけられる機会が多くあります。

　一生懸命に子育てしている親、一生懸命な保育者も、周囲の理解や支援が得られないと、がんばっても認められず、支援への意欲が低下し、傷つけあいになりがちです。心の支援を大切に考えている保育所や幼稚園では、保育者同士がお互いの気持ちや尊厳を尊重し、認めあい、励ましあう関係をつくっています。それが子どもや親にも伝わって、良い循環が広がっていくのです。

　ここで学んだ心の支援は、巻末に掲載しているサポートシートの自尊感情を高める方法のサポートで使います。一人ひとりの子どもの自尊感情が高まるように、あとの章で具体的な支援方法を考えていきましょう。

＊家庭＊
無条件で
大切にされる

＊社会＊
その存在が
認められる

**自尊感情は家庭と社会の
2つの良い環境で育つ**

LESSON 7

支援方法を理解する
2. 発達論による支援

発達論をベースにした
支援方法について
学びましょう。

発達論による支援のアプローチ

2. 時間とともに伸びていく木の高さ（p.71 図6-1）

　ここまでに、「標準の発達とは、多数派である子どもとの比較である」ということを学んできました。「標準」とは、発達の順番やスピードは多数派の子どもを基準につくられているので、発達の基準（定規）のようなものと考えてみます。

　スイスの心理学者ピアジェは0歳から2歳の乳幼児は感覚運動期、2歳から7歳は前操作期、7歳から12歳は具体的操作期というように、子どもの思考発達を年齢によって段階があると仮定し、系統化しました。

　私たちの脳は時の流れに従って、発達していきます。0歳でハイハイしていた赤ちゃんが、やがて1歳になると立って歩き、2歳では両足でジャンプし、3歳になれば片足でバランスをとれるようになります。このように、子どもの発達は易しいことから難しいほうへ課題の順序性があります。では、何を基準に易しいとか難しいと判断しているのでしょう？

　どちらの課題が易しいかを知るには、多くの子どもの発達を記録して、何歳でどんなことができるのかを観察します。そして、より年齢が幼いうちに多くの子どもができるようになる課題が易しいと考えているわけです。たとえば、ハイハイとひとり歩きでは、多くの子どもが先にできるようになるハイハイが易しい課題です。このように多くの子どもの発達を観察することで、一つひとつの動作や学習の順序性を系統化することができます。

　発達検査や知能検査は、年齢という1つの基準に沿って、できること・わかることを系統化します。すると、発達の順序が整理されてきます。たとえば一人で歩けるようになるのは、大体1歳2カ月くらい、両足でジャンプできるようになるのが2歳くらいという具合です。満6歳で小学校に入学するという基準も、「一人で家から学校へ行き、読み・書き・計算などを集団で学習することができるようになる」という目安で決められたのでしょう。

　1本の木も、時が経てばどんどん高くなります。子どもの年齢を縦軸にして1つの基準とするなら、一つひとつの課題は、階段を上るように易しいほうから難しいほうへと少しずつ伸びていきます。「1つのことができるようになる」ということは、易しい課題の積み重ねによる小さな成果を積み重ねた成果である、ともとらえられます。

●らせん階段をイメージする

　Lesson 3でも説明しましたように、子どもの発達は、みんなが階段を同じペースで上っていくわけではありません。らせん階段をそれぞれのペースで1段ずつ上っていきます。しかも少し寄り道したり戻ったりしながらも、らせん状に発達していきます（p.39）。

とくに、特別な支援が必要と思われる子どもは多数派の子どもと比較すると、その発達の様子がゆっくりしています。言葉や運動がバランスよく発達するのではなく、領域ごとにていねいに見ます。たとえば標準の発達と比べて言葉は早いのに運動がゆっくり、というように発達の偏りがある場合も多いのです。

　そこで、支援するときには、らせん階段（p.40）をゆっくり上るイメージで、易しいほうから難しいほうへ小さく課題を区切って支援していくと、少しずつ新しいことができるようになってきます。このように発達の順序性を考えながら支援する方法が発達論による支援のアプローチです。

　次のような場合を考えてみましょう。Ａちゃんは５月に生まれる予定でしたが、予定より早く３月に生まれました。母親のお腹のなかにいるべきだった週数（標準は40週）よりずっと早く、30週で生まれてしまったので未熟児でした。誕生日は出産予定日ではなく実際に生まれた日で決まります。３月に30週で生まれたＡちゃんも、40週で３月に生まれた子どもと同じ誕生日です。そのうえ３月生まれは、本来の学年よりも１学年早く学校で学びはじめることになります。就学猶予などの制度もありますから、実際には柔軟な対応ができますが、この例のように暦上の年齢が同じであったとしても、実際には比較の始まる出生時点の発達でさえ、一人ひとりの環境は異なっているのです。

　たしかに発達には順序性があり、支援するときのヒントになりますが、どの子どもも一律に発達するわけではありません。標準の発達の型に押し込めるのではなく、子ども一人ひとりのことを細かくていねいに見ながら支援することが必要です。

スモールステップで支援する

　発達の順序とは、多数派の子どもがたどる発達の道筋です。１つのことを学習するときには、順序性があるのです。そこで、その順序性を利用し、教えるときも一般的に易しい課題から難しい課題へと、細かく段階に沿って教えます。このような教え方をスモールステップといいます。

　スモールステップで教える方法は、様々な技術や学習課題を教えるときなどに数多く応用されています。小学校の学年ごとに難しい漢字を覚えるようになるのも、算数の計算の仕方も、易しいほうから難しいほうへと課題を並べて、易しいほうから学びはじめるのがわかりやすいわけです。

　そのことを応用して易しいほうから難しいほうへ少しずつ支援します。また、特別な支援を必要とする子どもは多数派の脳と異なった発達をするので、時には難しい課題が先にできるようになったりします。そのため、同じ順序性で学ぶことがよいとはかぎりません。ほかの子どもと違った方法で学んだほうが理解できるようになる場合もあります。標準の発達という基準を理解することは必要ですが、同時にその基準にこだわらない柔軟性も必要です。

一人ひとりの違いに応じた支援方法を見つけるのが身近にいる保育者の役割でもあります。

ワーク1 スキップができるように支援してみよう

スキップができない子どもがいて、繰りかえし教えてもできるようになりません。スモールステップの方法でスキップを教える方法を考えてみましょう。

考えるヒント：両足跳びができるかを試してみます。次に片足でバランスが取れるか、スキップのリズムを理解しているか、ギャロップができるか、など少しずつスキップに近づくよう課題を並べてみましょう。

ゴール ‥‥‥‥‥‥‥‥‥ スキップができる

難しい

課題

易しい

両足跳びができる

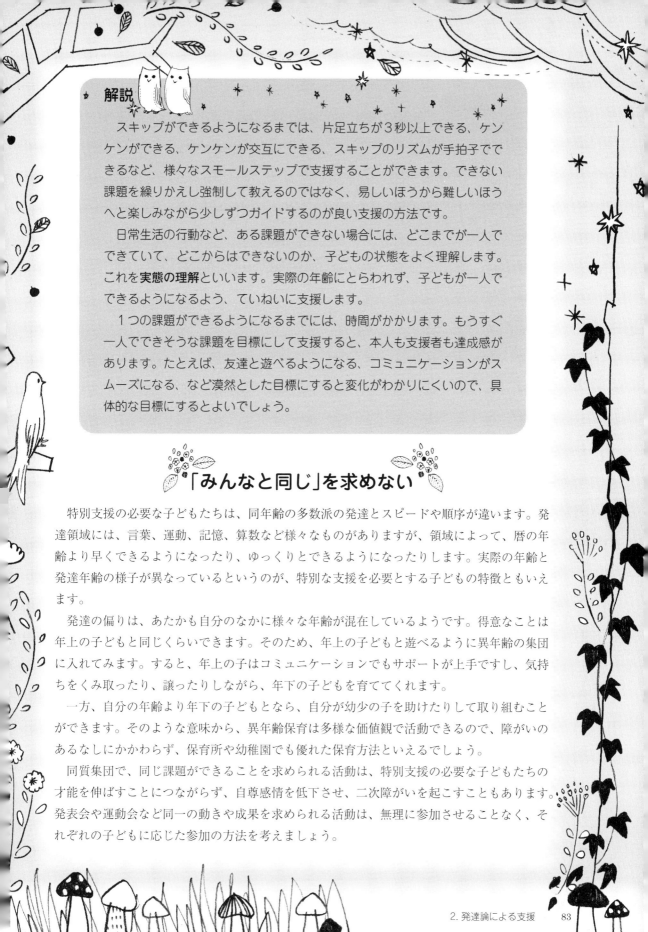

解説

　　スキップができるようになるまでは、片足立ちが3秒以上できる、ケンケンができる、ケンケンが交互にできる、スキップのリズムが手拍子でできるなど、様々なスモールステップで支援することができます。できない課題を繰りかえし強制して教えるのではなく、易しいほうから難しいほうへと楽しみながら少しずつガイドするのが良い支援の方法です。

　　日常生活の行動など、ある課題ができない場合には、どこまでが一人でできていて、どこからはできないのか、子どもの状態をよく理解します。**これを実態の理解**といいます。実際の年齢にとらわれず、子どもが一人でできるようになるよう、ていねいに支援します。

　　1つの課題ができるようになるまでには、時間がかかります。もうすぐ一人でできそうな課題を目標にして支援すると、本人も支援者も達成感があります。たとえば、友達と遊べるようになる、コミュニケーションがスムーズになる、など漠然とした目標にすると変化がわかりにくいので、具体的な目標にするとよいでしょう。

「みんなと同じ」を求めない

　　特別支援の必要な子どもたちは、同年齢の多数派の発達とスピードや順序が違います。発達領域には、言葉、運動、記憶、算数など様々なものがありますが、領域によって、暦の年齢より早くできるようになったり、ゆっくりとできるようになったりします。実際の年齢と発達年齢の様子が異なっているというのが、特別な支援を必要とする子どもの特徴ともいえます。

　　発達の偏りは、あたかも自分のなかに様々な年齢が混在しているようです。得意なことは年上の子どもと同じくらいできます。そのため、年上の子どもと遊べるように異年齢の集団に入れてみます。すると、年上の子はコミュニケーションでもサポートが上手ですし、気持ちをくみ取ったり、譲ったりしながら、年下の子どもを育ててくれます。

　　一方、自分の年齢より年下の子どもとなら、自分が幼少の子を助けたりして取り組むことができます。そのような意味から、異年齢保育は多様な価値観で活動できるので、障がいのあるなしにかかわらず、保育所や幼稚園でも優れた保育方法といえるでしょう。

　　同質集団で、同じ課題ができることを求められる活動は、特別支援の必要な子どもたちの才能を伸ばすことにつながらず、自尊感情を低下させ、二次障がいを起こすこともあります。発表会や運動会など同一の動きや成果を求められる活動は、無理に参加させることなく、それぞれの子どもに応じた参加の方法を考えましょう。

ワーク2 洋服のボタンがはめられるようにサポートしよう

みなさんだったら「一人でボタンがはめられる」まで、どんな順序でサポートしますか？　易しいと思われることから、少しずつ難しい課題へと書き出してみましょう。

考えるヒント：ボタンを目で見る→ボタンの穴に手を添える→大きなボタンを引っ張りだす練習をする　など

ゴール............................**一人でボタンがはめられる**

課題

難しい

易しい

Lesson 7のまとめ

　発達論による支援は、支援方法のなかで一番多く使われるもので、発達検査を参考に子どもの全体像をとらえることができます。1つの領域だけではなく、全体のバランスを考えやすい方法です。

　子どもが、ある1つのことができるようになるためには、回り道と思われるような多くの体験を通じて、ある時、一人でスッとできるようになることもあります。また、努力を重ねて、ようやく階段を1つ上れるときもあります。

　易しいことから難しいことへとていねいに行う支援方法は、多様であること、柔軟であること、体験的であること、楽しみながらの繰りかえしであることが大切です。

　発達に偏りがあるということは、決して悪いことではありません。苦手なところばかりを支援するよりも、持って生まれた良さを大切に少しずつ伸ばしていきましょう。人は誰もが、自分の良いところを認められると、心も発達するのです。

＊根気強く
　一人ひとりをていねいに

人より
遅くてもOK

回り道OK

違う
道筋でもOK

難しい

スキップ

ケンケン

ジャンプ

立つ

ハイハイ

易しい

こんなふうに
易しいほうから難しいほうへ
分解して教えるのが

スモールステップ

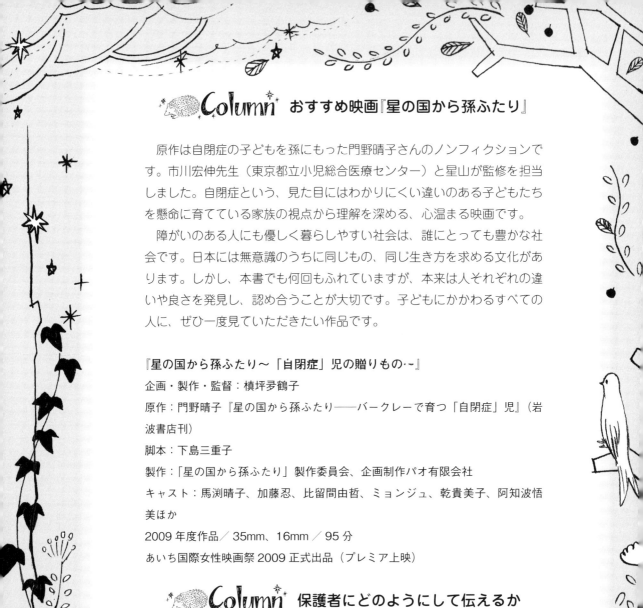

Column おすすめ映画『星の国から孫ふたり』

　原作は自閉症の子どもを孫にもった門野晴子さんのノンフィクションです。市川宏伸先生（東京都立小児総合医療センター）と星山が監修を担当しました。自閉症という、見た目にはわかりにくい違いのある子どもたちを懸命に育てている家族の視点から理解を深める、心温まる映画です。

　障がいのある人にも優しく暮らしやすい社会は、誰にとっても豊かな社会です。日本には無意識のうちに同じもの、同じ生き方を求める文化があります。しかし、本書でも何回もふれていますが、本来は人それぞれの違いや良さを発見し、認め合うことが大切です。子どもにかかわるすべての人に、ぜひ一度見ていただきたい作品です。

『星の国から孫ふたり～「自閉症」児の贈りもの～』
企画・製作・監督：槙坪夛鶴子
原作：門野晴子『星の国から孫ふたり──バークレーで育つ「自閉症」児』（岩波書店刊）
脚本：下島三重子
製作：「星の国から孫ふたり」製作委員会、企画制作パオ有限会社
キャスト：馬渕晴子、加藤忍、比留間由哲、ミョンジュ、乾貴美子、阿知波悟美ほか
2009 年度作品／ 35mm、16mm ／ 95 分
あいち国際女性映画祭 2009 正式出品（プレミア上映）

Column 保護者にどのようにして伝えるか

　集団のなかで気になる子どもがいたとしても、いきなり保護者に問題行動や自分が保育士として困っている行動を伝えることは、将来、良い支援につなげるためにあまり有効ではありません。

　まず、お母さんの大変さや不安に寄りそって信頼関係をつくります。具体的にどのように支援したらどう良くなるのか、良い支援の方法のみをどんどん伝えます。お母さんと信頼関係を深めながら、担当だけではなく園全体で連携し、観察します。専門家や主任、管理職などに相談して、チームで保護者を支える体制をつくり、担当者だけがお母さんと話すのは避けてチームサポートでかかわるように心がけましょう。難しい場合は、外部専門家を入れるとよいでしょう。

LESSON 8

支援方法を理解する

3. 行動への支援

子どもの行動には、
メッセージが
こめられています。
その意味を理解し、
適切な行動を増やす支援を
学びます。

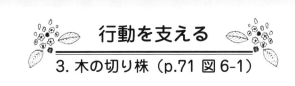

行動を支える

3. 木の切り株（p.71 図6-1）

　行動は、どんな困った行動であっても、かならず意味（理由）があります。この無言の訴え・メッセージを受けとることで、子どもの行動を改善することができます。

　一般的に、好ましくない行動を減らし、好ましい行動を増やすときには、その「起因させる刺激」や「行動の結果起こること」を理論的に整理して支援に使うことが、様々な生活場面で取り入れられています。

　たとえば、「宿題したらご飯にするよ」「静かになった列からおうちに帰っていいよ」「試験でいい点が取れたら、おもちゃを買ってあげる」など、子育てや教育のなかでも自然に使われています。

　これらは、その行動をすると、結果としてこうなるよということを先に予測させ、これから起こそうとしている行動をコントロールしています。本人に結果がわかりやすく、子どもにも親にもがんばった成果がわかりやすいことが特徴です。

　ご褒美に何を選ぶかは考慮が必要です。シールなどは一般的によく使われますが、お金やおもちゃなど物を動機として使いつづけると、ご褒美が豪華になりすぎたり、子どもがご褒美を強く要求したりすることがあります。そうではなく、「お母さんが喜ぶから」「お友達が気持ちいいから」など、「自分が役立つ存在であること」をご褒美として行動がコントロールできるとよいと思います。

　この行動に関する支援は、罰とご褒美を使ってコントロールするので薬のようによく効きますが、使いすぎると段々、効果が薄れてきます。また、行動の結果のみに着目しますから、使い方を間違えると子どもの心を傷つけることがあります。そのため、行動理論による支援は、よく学び、専門家と連携することが大切です。

困った行動の意味を考える

　「ふざけて廊下を走り回る」「友達をかんでしまう」「保育室から突然いなくなる」など、子どもが困った行動を示すことがあります。こうした行動は、どうして起こるのでしょう？応用行動分析（p.90「解説」）では、子どもから発信されるコミュニケーションだと受けとめます。つまり、この困った行動には子どもからのメッセージがこめられているのです。

　そのメッセージの意味は次の4つがあると考えられます。

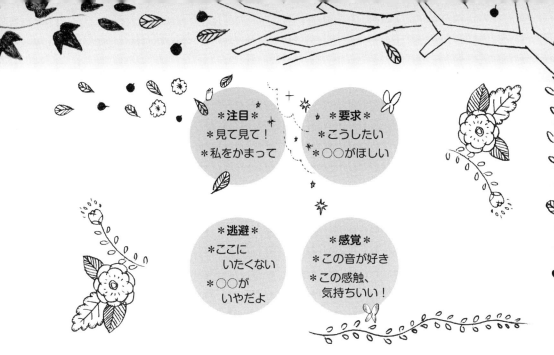

＊注目＊
＊見て見て！
＊私をかまって

＊要求＊
＊こうしたい
＊○○がほしい

＊逃避＊
＊ここに
　いたくない
＊○○が
　いやだよ

＊感覚＊
＊この音が好き
＊この感触、
　気持ちいい！

　子どもは、これらの意味を伝える適切なコミュニケーション方法を使えないために、困った行動で示していると考えます。たとえば、友達におもちゃを「かして」「ちょうだい」と言えずにかんでしまう、給食のおかずが「食べたくない」と言えずに保育室からいなくなってしまうということです。

　このように、困った行動は、子ども自身が困っていることを示す行動でもあります。困った行動の背景にあるメッセージを私たちが読みとり、そのメッセージに合った適切なコミュニケーション方法を教えていくことが必要なのです。

 ## ワーク1　困った行動の意味を考えよう（1）

　次の困った行動の意味は何だと思いますか。選択肢のなかから選んでみましょう。

　Aくんはお昼寝の着がえのときに、裸のまま走り回っています。保育者が「着がえましょう」と言ってもニコニコしながら、さらに逃げていきます。とうとう大きな声で「着がえなさい！」と叱りました。それでも保育者を見ながらニコニコして走り回ることをやめません。

　①着がえるのが苦手で、逃げ回っている。
　②保育者が嫌いで、嫌がらせをしようとしている。
　③保育者に着がえを手伝ってほしくて（かかわってほしくて）やっている。

解説

　応用行動分析とは、「適切な行動は適切な学習により獲得され、不適切な行動は未学習または誤学習により生じる」という考え方にもとづいて子どもに適切な行動を教え、困った行動を減らすことを目的にした理論です。
　Aくんは着がえずに走り回るという行動をしていますが、保育者に叱られてもニコニコしています。かかわってもらえるとうれしいのでしょう。ですから、着がえずに走り回ることで保育者の注目を得ようとしていると判断できます。Aくんは、この行動をすれば保育者にかかわってもらえると誤った学習をしているのです。この困った行動の意味、つまり子どもからのメッセージは、「先生、僕にかまって」という「注目」だと考えられます。したがって、ワークの答えは③番になります。

正しいコミュニケーション方法を教える

　Aくんは正しくないコミュニケーション方法を学習してしまっているので、正しいコミュニケーション方法を教える必要があります。この正しいコミュニケーション方法が使えるようになると、正しくない方法、つまりパジャマを着ないで走り回ることはなくなります。それでは、Aくんの正しいコミュニケーション方法は何でしょう。

　それは保育者に「ぼくの着がえを手伝って」と伝えることです。そうすれば保育者は「わかったわ」と答え、着がえを手伝ってくれるでしょう。そして「ちゃんと着がえができて、偉かったね」とほめます。Aくんは伝えたことにより自分のやってほしいことが叶い、保育者にほめられました。つまり、注目してほしい気持ちが満たされます。

　このように、子どもの困った行動の意味を理解し、その意味に合った正しいコミュニケーション方法を考え、支援していきます。

ワーク2　困った行動の意味を考えよう（2）

　4つの意味から選択してみましょう。そして、正しいコミュニケーション方法はどうすることかを考えてみてください。

（1）Bくんは自動車が大好きです。友達が自動車のおもちゃで遊んでいると
　　　そばに行き、その子を叩いてしまいます。または突然、そのおもちゃを
　　　奪いとってしまいます。

　　注目　・　要求　・　逃避　・　感覚

＜正しいコミュニケーション方法＞

（2）Cくんは給食が配られると、泣き出してしまうことがあります。とくに野菜が多
　　　いメニューのときには、立ち上がり部屋から出て行ってしまうこともあります。

　　注目　・　要求　・　逃避　・　感覚

＜正しいコミュニケーション方法＞

　子どもの気持ちを想像して考えてみましょう。大好きなおもちゃを友達が楽しそうに使っている、あるいは苦手な食べ物が給食に出てきた。もし自分だったらどう考えて、何と伝える（言う）か。自然に答えは浮かんでくるでしょう。それがうまく伝えられず、困った行動になっているということを理解しましょう。

ほめ方・叱り方

　子どもが困った行動を起こしたとき、みなさんならどのような対応をしますか。

　「○○してはいけません」「○○しなさい」と冷静に叱る。それは正しいやり方です。子どもは自分の行動を振りかえり、素直に「ごめんなさい」と謝り行動をやめる、もしくは正しい行動を始めるでしょう。

　しかし、同じ対応をしても困った行動をやめないばかりか、かえって行動がひどくなったり、時にはパニックになってしまう子どもがいます。

　障がいをもつ子どものなかには、自分で行動をコントロールする力が弱く、困った行動を叱られることが多かったため、「どうせ僕なんて」という気持ちで自信を失い、叱られること自体が受け入れられない子もいます。また、日頃ほめられる経験が少ないと、叱られることでもいいから自分に注目してほしいと考える子どももいます。

●困った行動に目をつぶる

　こうした子どもに対しては、困った行動には見て見ぬふりをし、良い行動を待ってほめるという方法が有効です。つまり「困った行動にはあえて注目しない」という対応です。

　たとえば、先ほどのAくんがパジャマに着がえずに走り回るという行動で考えてみましょう。Aくんが走り回っていても、保育者は見て見ぬふりをして、ほかの子の着がえを手伝います。するとAくんは保育者が追いかけてきてくれないので、つまらなくなって保育者のそばに近づいてくるでしょう。その時に「着がえましょう」と穏やかに伝えます。保育者の声かけに応じて着がえはじめる様子を見せたら、すぐにほめます。注目をするのです。子どもは走り回っているよりも、着がえたほうが保育者にかかわってもらえる、ほめてもらえることがわかり、走り回る行動をやめるでしょう。

●具体的に行うべき行動を伝える

　一度の声かけだけでは着がえることができず、また走り回ったら、その行動については見て見ぬふりを繰りかえします。そして、再び保育者に近づいてきたら、穏やかに「着がえましょう」とタイミングよく伝えます。困った行動に巻き込まれず、淡々と行ってほしい行動を伝えていくのです。

　最初は困った行動を見て見ぬふりをすることが難しいかもしれませんが、叱るというネガティブな注目をせずに、ほめるというポジティブな注目をつねに子どもに与えていくよう努力します。つまり、「あなたはとても良い子だけど、その行動は直してね」というメッセージを送るのです。ほめて良い行動を増やすことにより、困った行動を減らしていく支援と考えましょう。

支援の**コツ**

困った行動
例…着がえずに走り回る
→
見て見ぬふりをする

良い行動
例…着がえはじめる
→
ほめる

自分のなかでイメージしておくこと！

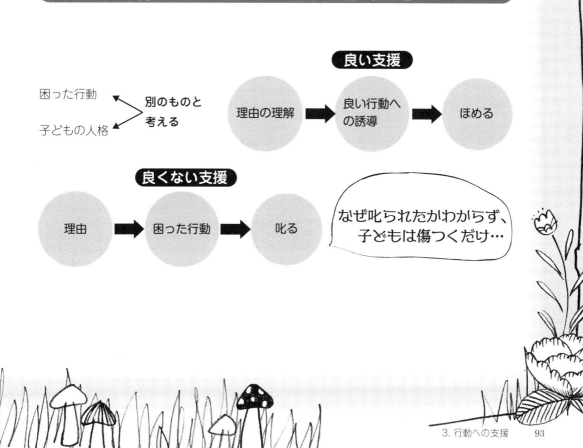

良い支援

困った行動 ←　別のものと
子どもの人格 ←　考える

理由の理解 → 良い行動への誘導 → ほめる

良くない支援

理由 → 困った行動 → 叱る

なぜ叱られたかわからず、
子どもは傷つくだけ…

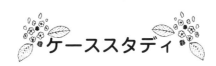

ケーススタディ

この章では、応用行動分析の理論から適切なコミュニケーションを教えることと、ほめることと叱ることを学びました。その学びを生かして、ケーススタディをしてみましょう。

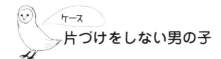

ケース 片づけをしない男の子

> 5歳のYくんはADHDです。自由遊びのあと、保育者が子どもたちに「お片づけの時間です」と声をかけました。子どもたちは一斉に片づけを始めます。しかし、Yくんだけは遊びをやめず、保育者のほうをニコニコして見ています。しばらく様子を見ていると、さらにおもちゃを出してきて散らかしてしまいました。彼が遊びつづける意味は何でしょう？

◎支援方法

それは保育者に特別に声をかけてほしい、つまり「注目」してほしいのだと考えました。そこで、片づけないという不適切な行動は見て見ぬふりをして、片づけるという正しい行動をうながし、行動するのを待ってほめることにしました。

●ロールプレイの前に

適切な行動を子どもに伝えるためのポイントとして、CCQという考え方があります。CCQはCalm（穏やかに）、Close（近づいて）、Quiet（静かに）のそれぞれの頭文字を取ったもので、「気持ちを穏やかにして、子どもに近づいて、声のトーンを抑えて」言葉をかけるということです。

多くの子どもの保育をしていると、子どもの元気な声に負けないようにと、保育者はさらに大きな声で言葉をかけてしまいがちです。しかし、不適切な行動から適切な行動に切りかえさせるための言葉かけは、このCCQを心がけます。子どもの不適切な行動に巻き込まれず、冷静に落ち着いて、一貫した態度で指示を出します。1回で行動が切りかわらなくても、つねにCCQで2回、3回と指示を繰りかえしてみましょう。

そして、子どもが指示した行動に取りかかったら、タイミングを逃さずにほめます。そのため、指示を出したあとは少し待ち、距離を置いて、様子を見ながら、子どもの行動の変化に意識を向けておきます。このように、ほめる準備をしながら適切な行動をうながします。

●ロールプレイ

この場面を子どもと保育者役になり、台本に沿って演じてみましょう

保育者	「みんな、お片づけの時間です。遊んでいるおもちゃを片づけて椅子に座りましょう」
男　児	（片づけをせずに遊んでいる。保育者のほうを見て、ニコニコしている）
保育者	「お片づけを始めてください」
男　児	（保育者のほうを見ながら、さらにおもちゃを出してくる）
保育者	（男児のその行動は見て見ぬふりをしながら、男児に近づいて）「○○くん、片づけましょう」
男　児	「嫌だよ、まだ遊んでいたいよ、なんで片づけなくいちゃいけないんだよ」
保育者	（彼の発言には応じないで、穏やかに）「片づけましょう」
男　児	「嫌だよ‼　片づけないよ！　なんで片づけなくちゃいけなんだよ」
保育者	（その言動は見て見ぬふりをし）「片づけましょうね」（と穏やかに伝え、ほかのおもちゃの片づけをする）
男　児	「先生聞いてるの？　答えてよ！　……僕は片づけないよ……片づけないよ」（と言いながら、おもちゃの1つを乱暴に棚に片づける）
保育者	（乱暴な置き方は見て見ぬふりをして）「片づけできたね。ありがとう。次は○○くんの好きな工作をするよ」（とすかさずほめる）
男　児	（ほめられて少し照れながら、片づけを続ける）「次は工作か……」
保育者	（さらにほめる）

解説

　困った行動は、その原因によって支援の方法が異なります。大人に注目を求めている困った行動は見て見ぬふりをし、適切な行動を具体的に伝えることが大切です。ロールプレイをしてみて、思ったより難しい対応だと感じたことでしょう。子どもの言動に巻き込まれないよう、穏やかに冷静に対応していくことが必要です。また、良い行動に切りかえられたら、すぐにほめることも大切です。

Lesson 8のまとめ

　子どもが困った行動をしたとき、「また同じことをして、ダメな子ね」「本当に悪い子だわ」と子どもを叱る保護者をよく見ます。何度教えても困った行動がよくならないと、保護者も追いつめられて、そうした叱り方になってしまうのでしょう。一方、叱られた子どもは、「自分は悪い子なんだ」「どうせ僕なんて」と感じて、どんどん自信をなくしてしまいます。こうした保護者と子どもの関係は良い結果を生みません。保育者と子どもの関係も同様です。

　本章では、子どもが困った行動をしたときの対応について、子どもの「行動」に焦点を当てた方法を学びました。つまり、「あなたはとても良い子だけど、その行動は直してね」というメッセージを送るのです。その点を意識して、困った行動には注目せず、良い行動を引き出して肯定的な注目を与えていくことを根気よく行いましょう。

Column　ほめ方も子どもに合わせて

　ほめられれば、誰もがうれしいものです。しかし、ほめられ方の好みは人それぞれ。人前で派手にほめられるのが好きな子どももいれば、静かに認められたい子どももいます。ほめられることに慣れていない子どものなかには、そっと目を合わせて微笑んだり、軽く身体にふれるなど、「ちゃんと気づいているよ」というサインをその子だけに送ることで満足する子もいます。それぞれの子どもがどんなふうにほめられたいのか。ほめてみて、子どもの反応を観察し、見極めていきましょう。

LESSON

9

支援方法を理解する
4. 環境調整による支援

子どもの発達や障がいに応じた
わかりやすい環境を設定する。
その方法論と支援について
学びます。

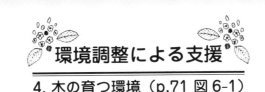

環境調整による支援

4. 木の育つ環境 （p.71 図6-1）

みなさんは資質と環境、どちらが大切か考えたことはありますか?

資質は親に譲られたものですが、環境は、どんな家庭で育ったのか、どんな親の方針だったのか、どんな学校でどんな先生に出会ったのか、どんな友達に囲まれているかなど、人という環境が重要になります。

子どもを1本の木にたとえてみると、そこは森なのか丘なのか、光や水や空気に恵まれているのか、といった様々な環境が大切になります。この子どものための良い環境づくりこそが、親や保育者が調整しサポートできることです。

環境による支援を大きく2つに分けてみましょう。まずは「物や時間の調整による支援」、次が「周囲の人が連携することによる支援」です。ここでは、まず「物や時間の調整による支援」について学びましょう。

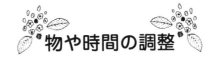

物や時間の調整

この方法論でわかりやすいのが TEACCH（ティーチ） プログラムです。環境を統制し「構造化」することで、子どもにわかりやすい環境を整え、支援します。

これは、子どもがフレームや枠のない、次に何をしてよいのかわからないような混沌とした世界で生きている、そこで迷っていると仮定します。そして、時間や空間の概念をわかりやすくするために保育者が仕切りをつくり、次に何をしたらよいのか見通しがつくよう環境を構成することで安定を図る方法論です。

まずは、子どもが周囲の環境を混沌とした世界と感じることについて考えてみましょう。発達障がいのある子どもは、環境からの情報を取り入れて活用する働きそれぞれにつまずきがあります。その働きには大きく3つのものがあります。

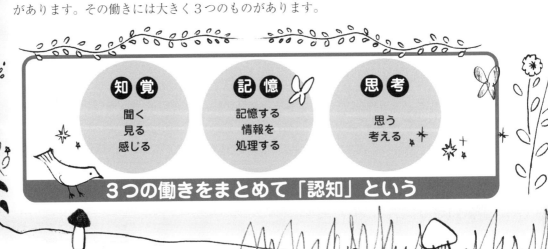

知　覚
聞く
見る
感じる

記　憶
記憶する
情報を
処理する

思　考
思う
考える

3つの働きをまとめて「認知」という

聞くこと・
見ること・
感じること

＊言葉の聞きとりが正確にできない
＊1つの言葉にこだわり全体の理解が難しい
＊特定の事物だけに視線が向いて、
　全体の状況をつかめない
＊自分と物の距離感がつかめない、多くの物から
　必要な物を探し出すことが難しい　など

記憶すること・
情報を
処理すること

＊忘れっぽい
＊2つ以上の指示を憶えて行動できない
＊物事の見通しをもつことができない
＊時間の流れを把握できない
＊行動の計画が立てられない　など

思考すること

＊柔軟に物事を考えられない
＊自分の考え方にとらわれ、
　人の意見を受け入れられない
＊失敗すると、この世の終わりのように
　思ってしまう　など

認知のつまずき

こうしたつまずきをもつと、様々な生活場面で次に何が起こるのか見通しがもてず、とても不安になります。また、コミュニケーションの取り方、場に応じた振る舞い方なども自然には身につきにくく、人とかかわるときに混乱が生じます。

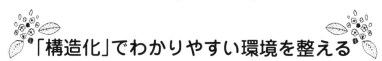

「構造化」でわかりやすい環境を整える

TEACCH プログラムについては専門書が多く出ていますが、とくに自閉傾向がある子どもに対して優れた方法論です。

「構造化」は、そのTEACCH プログラムの核となる支援方法で、4つの要素から子どもの「認知」に合わせた環境を整えます。

1．場所の構造化

遊び・集団活動・個別学習・運動・おやつなど、それぞれの活動により場所が決まり、活動と場所が一対一の関係になっているのが望ましいです。子どもはその場所に行くと何をするのかがすぐにわかります。

空間を区切り、落ち着ける場所を確保することも大切です。子どもはどこに行けば落ち着けるか見通しが立つ

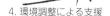

と、安心できます。活動
したり、遊んだりする空
間もみんなと一緒の環境
が良いとはかぎらないの
で、仕切りをつけて集中
しやすくしたり、余計な
刺激物を取り去ります。

2. 時間の構造化＝スケジュール

　　時間という漠然とした概念を
区切り、計画を立て、提示します。
具体的には、子どもにわかるスケ
ジュールを示し、どのような活動
をどんな順序で行うかを明らか
にします。
　　大切なのは子どもがそのスケ
ジュールを活用し、それに応じて
活動を切りかえていくことです。

子どもの理解のレベルによって、実物・写真・絵・文字などを使
い、スケジュールの提示数も調整します。変更点なども先に教え
て、心の準備ができるように整えます。

3. 課題・活動の構造化＝ワークシステム

　　保育者がいくつもの指示を出しても、聞きとりや記憶に問題がある場合、スムーズに行動
することができません。そこで、子どもに課題や活動が「どれだけの量で、どんな内容で、
いつ終わるのか、終わったあとに何が起こるのか」をわかるように提示します。料理のレシ
ピなどが同様の考え方です。

　　提示の法則は、左から右に
課題を並べて順に行う、数字
のカードと課題についた数
字を対応させて順に行う、文
字で書かれた課題リストを
見ながら順に課題を行う、な
どの方法があります。

4．視覚的な構造化＝視覚的手がかり

聞いて理解するよりも、見て理解する
力が強いタイプが多いのも、発達に偏り
のある子どもの特徴です。その長所を生
かすために視覚的な手がかりを工夫しま
す。また、記憶の不得手な子どもには、
苦手を補う視点で「見て思い出して行動
できる」ようにします。

生活のなかで、振る舞い方・コミュニ
ケーションの取り方など、子どもに必要
な情報を絵や写真、文字などで提示します。

以上のような環境の工夫により、子どもは安心し、見通しをもって行動することができる
のです。

フレームのない世界に生きている子どもは、次に何が起こるのか、何をすればよいのかわ
からないと、とても不安になると言いましたが、それは、私たちが初めて行った異なる文化
の異なる言語の国で、次に何が起こるのかわからず不安でいっぱいになる気持ちに似ていま
す。そして、その気持ちを想像すると、何が有効なのか理解できるようになると思います。

私たちができる環境の調整は、「構造化」の視点を用いて、サイン、写真、わかりやすい
指示、次に何をしたらいいのかの見通しをもたせるための教材や教具を用意することです。

しかし、こうした環境調整の手立ては、特別なものではありません。実は保育の現場では
よく使われている方法なのです。たとえば、子どもたちがそれぞれの遊びを邪魔しないで落
ち着いて遊ぶために、遊びのコーナーを分けることは「場所の構造化」ですし、「今日は〇
時に、お散歩に行きます」と伝えることは
「時間の構造化」です。また、折り紙の折
り方の説明書は「課題・活動の構造化」で
すし、子どものロッカーに貼ってある動物
や花のマークは「視覚的手がかり」です。

私たちは子どもの理解に合わせて、保育
の環境を整えています。子どもがわかりや
すく、自分で判断し、行動できるようにと
工夫していることが、すなわち「構造化」
ということになります。

ケーススタディ

ケース 1
おもちゃを独り占めしてしまう子

　　Tちゃんは ASD の５歳の女の子です。知能検査をすると平均以上の理解力をもっていると評価されています。しかし、こだわりが強く、自分の見込みや意向と合わない状況ではイライラしてしまいます。一人遊びが中心で、たくさんのおもちゃを出して自分の周りに置いて遊びます。ほかの子がそのおもちゃを使いたくても譲ることができません。今遊んでいないおもちゃでも、一度遊んだものに関してはいつまでも「遊んでいる」と主張し人に譲れないのです。そのため、トラブルが絶えず、安心してほかの子と場所を共有して遊ぶことができませんでした。

　Tちゃんは、どうしてこうした行動をとるのでしょう？　まずは、その原因を理解することから始めます。この子は、「一度遊んだものはすべて自分のものと思ってしまう」「自分の物と、みんなで使う物の区別が理解できない」ことが原因だと判断されました。遊ぶためのルールが理解できていない、「認知」がずれていると考えたのです。

◎支援方法

　この子の「認知」に合わせた構造化による支援を考えました。
　場とおもちゃを友達と共有して遊ぶためには、ルールがあります。しかし、そのルールを理解して遊ぶことが難しいので、ルールをわかりやすくする必要があります。そこで、今、自分が遊んでいるおもちゃと、みんなが使うおもちゃは明らかに別の物であることを理解させる方法を考えました。
　具体的には、「あそんでいます」という絵カードをつくることにしました。自分の遊ぶおもちゃには、そのカードを貼ること、新しいおもちゃを出すときは、そのなかからカードを貼りかえることを提案しました。

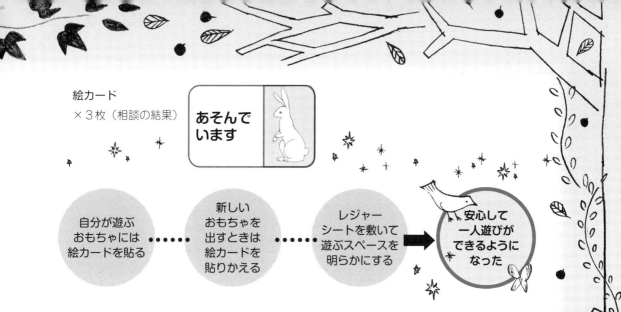

絵カード
×3枚（相談の結果）

あそんで
います

自分が遊ぶ
おもちゃには
絵カードを貼る

新しい
おもちゃを
出すときは
絵カードを
貼りかえる

レジャー
シートを敷いて
遊ぶスペースを
明らかにする

安心して
一人遊びが
できるように
なった

カードを貼りかえるときには、しばらく手助けが必要でしたが、間もなく自分で貼りかえるようになりました。また、自分の所有物や遊び場所が明確になることで安心できたこともあり、カードが貼っていないおもちゃは友達が使っても平気になりました。周囲の子どもたちも、カードが貼ってあるものはその子が遊んでいるおもちゃと理解でき、手を出さなくなったのでトラブルがなくなりました。

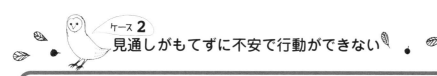

ケース2 見通しがもてずに不安で行動ができない

> ASDの4歳の男の子。文字や数字を読むことが得意で、本が大好きです。
> 一斉の活動が始まる前は毎回不安が大きく、泣き出したり、行動を停止させたりしています。「今日はこんなことをやるよ」と言葉では伝えていますが、一向に活動に参加する様子を見せません。強めに参加をうながすとパニックになってしまい、経験が広がりません。

この不安の原因は何でしょう？　私たちも、これからどんなことが起こるのかわからないと不安になりますが、この子の場合は、その不安以上に何か恐ろしいことが起こるかもしれないと考えてしまうのだろうと判断しました。

◎支援方法

まずは活動の見通しをもたせることが必要だと思い、不安なことは何も起こらないことをイメージできるようにしました。具体的には、言葉ではなく目で見てわかるような支援方法をとりました。文字や数字を読むことができるので、スケジュールや活動の手順を文字で書

いて見せました。そのうえで必要な説明を添えたのです。

　すると、活動によっては参加できるようになりました。さらに自信をもてるよう、スケジュールを終えるごとに「はなまるマーク」をご褒美として示しました。結果、視覚的にほめられていることが明らかになり、がんばりがきくようになりました。

スケジュールや
活動の手順を
文字で書いて見せ、
そのうえで
必要な説明を
添える

活動に
よっては
参加できる
ようになった

ワーク　子どもの認知に応じた構造化を検討しよう

子どもの状態を整理し、評価したうえで必要な構造化を考えてみましょう。

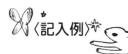〈記入例〉

診断名	自閉傾向がある　Ｈちゃん	年齢と性別	4歳児　女児
見る力	理解（文字）・絵・写真・実物） 見方（いつでも注目してみる）・場面によって注目してみる・注目してみることができない） 本を読むことが好きで、文字を読んで内容を理解することもできる。 かわいい絵が好きで、とくにピンクがお気に入り。		
聞く力	理解（会話）・1〜2語文程度・言葉の理解はできない） 聞き方（いつでも話を聞ける・場面によって話を聞ける）・話を聞くことができない） 大人が話すことはよく聞いてくれるが、すぐに行動に移すことができない。 大勢のなかで話を聞くのはそわそわしてしまう。大人の話を何度も聞きかえすことがある。		
記憶する	友達の名前や顔をよく覚えていない。 伝えたことをすぐに忘れてしまう。		
考える	失敗や急な変更に弱く、イライラが続いてしまう。		
評価	聞くより見て理解することが得意だと思われる。 覚えること、自分で考えて行動することは苦手そうである。 安心して行動するためには、見てわかるような支援が必要だろう。		
必要な構造化	（1）スケジュール（文字）・絵・写真・実物） 文字だけでも理解ができる。好きなピンクも取り入れる。 （2）活動の手順（文字）・絵）・写真・実物） 工作のときなど言葉の説明だけではなく、説明図や大人がやり方の見本を示してあげるとよい。 （3）視覚的手がかり 困ったときも手助けを求められないので、「てつだって」という文字カードを提示しておくとよい。		

　子どもの状態に応じ、必要な項目を選択します。空欄には自分の考えや支援策を記入しましょう。

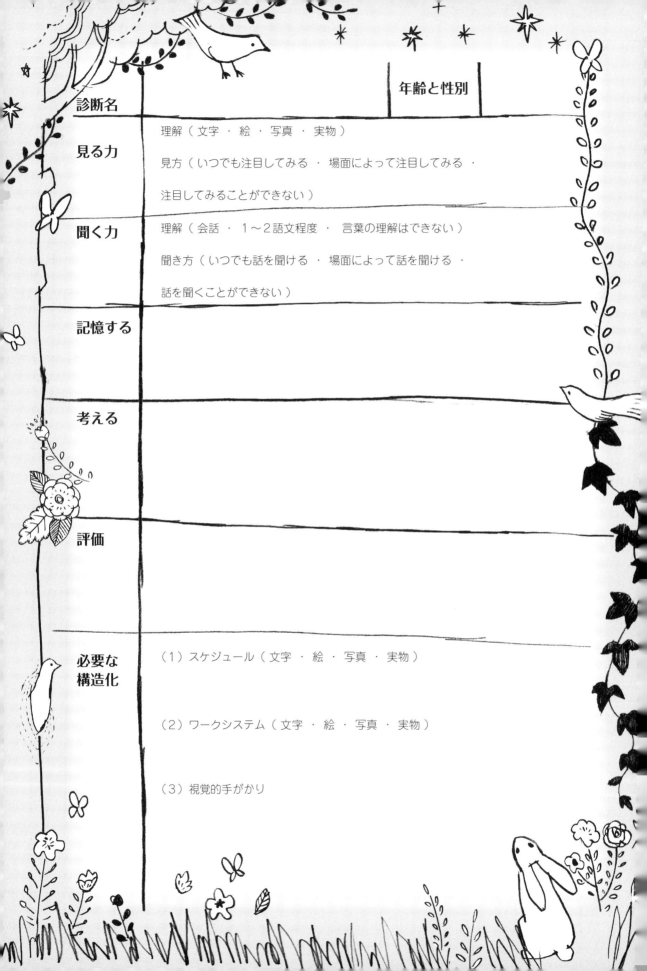

	年齢と性別
診断名	

見る力
理解（ 文字 ・ 絵 ・ 写真 ・ 実物 ）

見方（ いつでも注目してみる ・ 場面によって注目してみる ・

注目してみることができない ）

聞く力
理解（ 会話 ・ 1〜2語文程度 ・ 言葉の理解はできない ）

聞き方（ いつでも話を聞ける ・ 場面によって話を聞ける ・

話を聞くことができない ）

記憶する

考える

評価

必要な構造化

（1）スケジュール（ 文字 ・ 絵 ・ 写真 ・ 実物 ）

（2）ワークシステム（ 文字 ・ 絵 ・ 写真 ・ 実物 ）

（3）視覚的手がかり

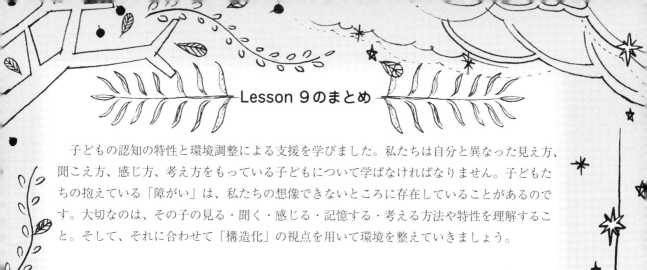

Lesson 9のまとめ

　子どもの認知の特性と環境調整による支援を学びました。私たちは自分と異なった見え方、聞こえ方、感じ方、考え方をもっている子どもについて学ばなければなりません。子どもたちの抱えている「障がい」は、私たちの想像できないところに存在していることがあるのです。大切なのは、その子の見る・聞く・感じる・記憶する・考える方法や特性を理解すること。そして、それに合わせて「構造化」の視点を用いて環境を整えていきましょう。

**Column** 居場所づくりを考える
——リソースルーム

　「リソースルーム」は安らげる居場所、先生や保護者の資料や教材なども常備されている、みんなにとっての癒しと学びの空間です。いつでも休める心と気持ちの拠り所が保育所・幼稚園・学校のどこかにあると、気持ちがいっぱいになったときやつらいとき、パニックになりそうなときに、いったん保育室や教室を抜けて水を飲んだり、外の空気を吸ったりしたあと、その安らげる空間で息抜きできるようになります。

　すると、自分で自分をコントロールできるようになり、だんだん保育室や教室に戻れるようになります。「みんなと同じようにできなければだめ」「つらくても我慢してそこにいなさい」と言われてきた子どもほど、情緒不安定になるようです。

　生活の場に子どもが安心できる居場所があり、そこに信頼できる人がいてくれるかどうかは大切です。そのため、リソーススペース、リソースルーム、保健室など、保育室や教室以外にも愛着や安心感の源となるような、場所と人を確保する必要があるのです。

　ぜひ、空いているスペースなどに、積極的にソファ、ラグマット、クッション、カーテンなどを利用して安らぎのリソースルームをつくってみてください。

Column　特別な支援を必要とする子どもが大好きなもの

くるくる回れるもの
くるくる回れる道具
一人で落ち着けるスペース
キラキラ光るもの
思いきりジャンプできること

太鼓
グランドピアノ
ハープ
チャイム
優しい歌声
ぎゅっと抱っこ

砂　葉っぱ　　木漏れ日のなかの光の筋
土　水たまり
泥　波　　　水のあぶくに光る日差し
水　光
虫

森
海
山
林

子どもたちは
自然と仲良し

自分を見守ってくれる人
言えないことを通訳してくれる人
気持ちをわかってくれる人
そっと寄りそってくれる人

リズムのはっきりした
明るい音楽

LESSON 10

支援方法を理解する

5. 周囲の人の連携による支援

人と人とのつながりを
大切にする
連携について
学びましょう。

周囲の人の連携
5. 木を支える人々の連携 (p.71 図 6 − 1)

　前の章では環境による支援を大きく２つに分け、物や時間の調整による支援について学び
ました。子どもの周囲にある環境をわかりやすく調整し、構造化することで、子どもが安心
して生活できるような支援を学びました。この章では、周囲の人と人とのつながりを大切に
する「連携」による支援について学びましょう。

環境調整　　　人の連携

子どもの育つ良い環境

　子どもの育つ良い環境を調整するのは、保護者や保育者などです。子どもへの支援は、保
護者・保育者・専門職などがお互いに連携して行うことが基本です。そこで、子どもの周囲
にかかわっている大人同士が信頼しあっているかどうかという視点が大切になります。

　日本では長年、子どもを中心にして、子どものために大人がそれぞれに一生懸命がんばっ

これまでの支援

保育者　？　保護者

？　子ども

セラピスト　コーディネーター不在

お互いが何をしているか知らない

てきました。支援は子どもに向かっていますが、それぞれが子どもと一対一の関係で、大人同士の関係はバラバラでした。

　環境による支援の考え方では、人の連携を重視します。本来、子どもは一人で発達するのではなく、人の輪のなかで育ちます。そこで、子どもだけではなく、大人同士のつながりをうながす支援へと転換することが必要です。

これからの支援

支援者がお互い何をしているか理解している

近年、大人の心はバラバラになり子どもを取り巻く環境が急速に悪化してしまいました。子ども・保護者・保育者がつながりをつくるのは難しく、それぞれ孤立しています。そこで大切なのは、大人が子どものために連携し、信頼関係をつくること、連携をうながすシステムをつくることです。この連携を「横のつながり」と呼ぶことにします。

ワーク　サポートネットを書いてみよう

　現在、みなさんは誰に支えられて生きているのでしょうか。自分のサポートネットを書いてみましょう。信頼関係のあるところに矢印を入れます。

〈記入例〉

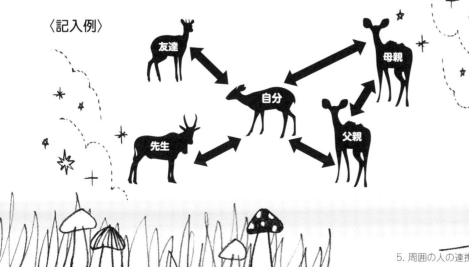

自分

みなさんがどんな人に支えられて生きているのか考えることができました。家族や友人、そのほか多くの様々な人に支えられていることに気がついたかもしれませんね。これから私たちが子どものためにネットワークづくりに力を入れなければならない理由もわかってきたと思います。

横のつながりと縦のつながり

先ほど出てきた横のつながりは、子どもを中心にした周囲の大人の連携です。子どもを中心にして大人が共通理解できたとき、子どもへの支援の質は向上します。

さらに横のつながりは保育所や幼稚園のなかだけでなく、地域に広げます。地域には様々な相談相手がいます。たとえば、保健センター、療育センター、特別支援学校、児童相談所、子育て支援センター、教育センター、医療機関など。これら地域の連携しなければならない機関はそれぞれの地域で異なりますが、普段から地域にどんな専門機関や専門家が存在しているのか考えておく必要があります。

また保育者だけではなく、多職種と連携することも必要です。たとえば、保護者、保健師、療育センター（心理、言語聴覚士、作業療法士、理学療法士、小児科医）、教諭、スクールカウンセラーなど地域の子どもにかかわる様々な人との信頼関係が大切です。

なかでも特別支援学校には、特別支援教育コーディネーターがいます。このコーディネーターは地域の特別支援の中核的な役割を担っています。ほかにも巡回相談や心理相談をしている特別支援教育アドバイザーなどがいる地域もあります。

次に縦のつながりを考えてみましょう。縦のつながりとは、前年度もしくは来年度に向けて支援がきちんと引き継がれているのか、という時間軸を超えたつながりをいいます。

担任は1年経てば変わってしまうかもしれませんが、子どもは地域でずっと生きていきます。年度が変わっても子どもが困らないように、きちんと引き継ぐこと、これが縦のつながりです。

前の年度から次の年度へ支援を引き継ぐ縦のつながり

3歳の支援

2歳の支援

1歳の支援

0歳の支援

＊誰が？
＊どんな情報を？
＊どうやって引き継ぐ？

横の支援と縦の支援がきちんとつながると、一生を通じて継続的な支援が可能になります。

引き継ぎ

連携

地域における一貫した
支援は縦と横の連携から

欧米の支援システム

さて、ここで支援の最先端を行く欧米の支援システムと少し比べてみましょう。支援先進国のシステムと日本の特別支援は、大きく2つの点が異なります。

●支援の対象は家族

支援の先進国では、子どもに対する支援だけではなく、「家族も支援の対象である」という家族支援の考え方を取り入れています。

日本の療育センターや学校では子どもの支援が中心で、家族に対する支援プログラムは、ほとんどありません。診断された直後、親を支え、子育てや教育での大切なことを教えてくれる人やプログラムがないのです。結果として、母子が孤立し、母親だけで悲しみやショックを抱えたままになっています。

欧米では、診断の直後から、母親はもちろんのこと家族全体が支援の対象になります。また、「早期介入」という専門分野があり、療育の専門家が育っています。家族に子どもの支援方法を伝授しながら、サポートしてくれるのです。この家族への支援計画を個別家族支援計画といいます。日本には残念ながら、まだ早期介入や家族支援計画、療育コーディネーターなどの専門プログラムがなく、専門職が育っていません。

親の支援に関しては、様々なプログラムがあります。たとえば、療育の方法を直接教える家庭訪問、「レスパイト」といわれる親のための休息サービス、親同士の交流、基本的な支援方法の伝授、親へのカウンセリングなどです。地域には早期療育コーディネーターがいて、

保護者と相談しながら療育サービスとして受けることができるシステムになっています。

　日本では、診断やスクリーニング（障がいがあるかどうかをチェックする機能）はありますが、その後の大切な支援が充実していません。保育者のなかに療育を理解できる人やコーディネーターが育つことが望まれますが、まだ療育の専門家を育成する機関や資格がないのが現状です。

●支援者同士の関係を大切にする

　支援している大人同士が連携し、保護者を交えて支援会議をしているという点も日本は遅れています。日本では、保護者や保育者がどんな支援をしているのかお互い知りません。

　欧米では３歳未満から早期療育コーディネーターが中心となって、保護者だけでなく支援にかかわる様々な職種の専門職をつなげています。子どもを輪の中心としてセラピスト・保護者・保育者・専門家などが集まり、子どものことを話し合って支援の方針を決めるのです。

　子どものためにどんな支援方法がいいのか、その答えはひとつではありません。そこで、みんなで集まって知恵を出し合い、支援計画を立て、実行しているのです。担当者が一人で方法論を決めたり、子どもや親に押しつけたり、お互いが傷つけあうことは必要ないのです。

　保護者を含んだ話し合いで、双方が納得した形で支援計画を立てると、その支援を実行し検証します。そのため、保護者と保育者、それぞれがお互いに支援方法を共有し、学びあいができるようになります。このような流れがシステムとして確立されているのが先駆的な方法です。

　日本では、どちらかというと専門家に任せっぱなしで、支援者同士がお互い干渉することは、長い間ほとんどありませんでした。今後は保護者も含め、多職種で話し合い、支援についての共通方針を理解することが大切になることでしょう。

●専門家の育成

　子どものために誰が集まるべきかを考え、支援会議を設定してくれる人が、療育に関する専門性をもつ早期療育コーディネーターです。欧米では、早期療育コーディネーターは大学院を修了し、臨床経験が豊かな療育の専門家です。

　日本では残念ながら、早期療育コーディネーターを育成していません。地域の小中学校や特別支援学校には、特別支援教育コーディネーターの先生がいますが、専門性は求められていません。乳幼児期は保護者も精神的に不安定なうえ、子どもにとってとくに大切な時期ですから、支援ができる療育専門の人材を育成し、支援する者同士が支えあうシステムを整えることが必要です。そのため、今後、地域における特別支援の専門性がある人の育成が大切になっています。日本でも早期発達支援コーディネーター（早期療育）などの育成が望まれます。

●子どもを一方向から見ない

　保護者と保育者が信頼しあえると良い支援ができます。お互いコミュニケーションがうまくいかないと、子どもはどちらの言うことが正しいのかわからず、混乱してしまいます。学校では良い子で、家庭では暴れていることもあります。反対に学校では暴れていて、家では良い子でいたりもします。誰のせいでもなく、どちらの姿もその子の真実です。

　子どもは賢い子ほど、その環境に適応しています。私たち支援者はお互い連携することにより、子どもの苦しさや困っていることを真実の姿として理解できるようになるのです。

支援がうまくいかない例

保育所では
乱暴な子

保育者

うちでは
良い子

保護者

子ども

同じ子どもを見ているのに
見ているところが違う

子どものためのサポートネットづくり

支援するときは、子どもは誰に支えられているのか、保護者と保育者でお互いに子どものためのサポートネットの図を書いてみましょう。

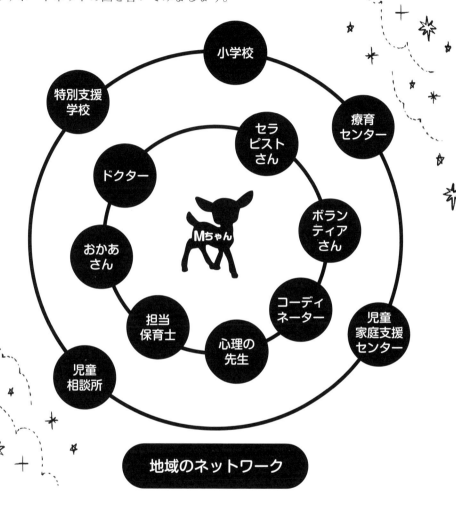

●地域資源サポートネットワーク

①地域において、育児の援助を受けたい人や行いたい人が会員になり助け合う事業。センターは双方の仲介・紹介などを行う

| ①ファミリー・サポート・センター |

②地域の家庭などから寄せられる児童に関する相談などのうち、専門的な知識および技術を必要とするものに応じ、必要な助言を行う。実施主体は都道府県

| ②児童家庭支援センター |

③都道府県などに設置される、地域住民の保健衛生や健康面に関する拠点。療育に関する相談、福祉制度や地域のサービスの相談なども行う

| ③保健所 |

④「子育て世代包括支援センター」と「こども家庭総合支援拠点」で行われていた内容を一つにした機関。妊産婦・子育て世帯・子どもへの包括的な相談支援を行う（児童福祉法及び母子保健法改正、2024年4月1日施行）。実施主体は市町村

| ④こども家庭センター |

乳幼

⑤地域の障がい児の健全な発達において中核的な役割を担う機関として、専門的な相談、助言、その他の必要な援助を行う。具体的には、日常生活における基本的な動作の指導や知識・技能の獲得とともに、集団生活への適応を目指した支援を行う

| ⑤児童発達支援 |

病院　警察

⑫市町村保健センター

⑬教育支援センター

児童委員
ボランティア

⑬教育に関する相談・支援の総合窓口。学習・生活・教育に関する相談に応じると共に、発達や学びのニーズに応じた支援や不登校の子どもの適応指導教室なども担う

⑯障害のある学童期（主に6〜18歳）の子どもが放課後、療育を受ける

| ⑯放課後等デイサービス |

⑰身体・知的発達症に関する専門的な知識・技術に関する相談や、補装具などの適合判定などを行う

| ⑰心身障害者福祉センター |

学童

⑱精神障がいに関する医療の充実や社会復帰の促進などを行う

| ⑱精神保健福祉センター |

⑲学校や日常生活に問題を抱える子どもを支援する福祉の専門家。略称SSW。子ども本人だけでなく、家族・友人・学校・地域などまわりの環境へ働きかけ、問題解決を図る

| ⑲スクールソーシャルワーカー |

⑳学校現場で子どもや教職員から悩みや不安などの相談に応じる人。略称SC。大半が臨床心理士の資格をもっている。教職員への研修、事件・事故の際の子どもの心のケアなども行う

| ⑳スクールカウンセラー |

⑥居宅訪問型児童発達支援

⑥重度の障がいの状態などにより外出が著しく困難な場合に、居宅を訪問し必要な支援を行う

⑦子育てひろば
（地域子育て支援拠点事業）

⑦0～3歳を中心とした乳幼児とその保護者の遊び場としての居場所や、地域の子育て中の親子の交流促進や育児相談なども行う事業

⑧乳児院

⑧保護者の養育を受けられない乳幼児を養育する施設で、乳幼児の基本的な養育機能に加え、被虐待児・病児・障がい児などに対応する

保育所
認定こども園
幼稚園

⑨保護者のいない児童や虐待されている児童、環境上養護を要する児童を養護し、併せて退所した者に対する相談対応や自立支援を行う

⑩福祉型は障害のある子どもを入所させて、保護や日常生活の指導および独立自活に必要な知識技能の付与を行う。医療型は福祉型の支援に加えて治療も行う

⑪一時預かり事業
病児保育事業

⑪家庭で保育を受けることが困難な子や病気の子どもを一時的に預かり、保育などを行う

⑫市町村に設置され、子の発育・発達に関する不安、育児に関する疑問や悩み、歯の健康などについて、保健師・栄養士・歯科衛生士などが相談を行う

児期

⑨児童養護施設

⑩障害児入所施設　自治体

⑭里親、里親支援センター

⑮児童相談所

⑭里親は、いろいろな事情により家庭で暮らせない子どもたちを自分の家庭に迎え入れて養育する人のこと。このうち「専門里親」は虐待や障がい等により専門的なケアが必要な児童を養育する。里親支援センターは、里親支援事業を行う者や里親および里親に養育される児童並びに里親になろうとする者について、相談その他の援助を行う

⑮原則0歳～18歳未満の子どもを対象とした通告や、家庭や学校などからの相談業務などを行う

⑳地域の児童を対象として遊びや健康増進、豊かな情操を目的とする児童福祉施設

㉑児童館

㉒保護者が仕事などで昼間家にいない小学生に、放課後、小学校の空き教室や児童館などで遊びと生活の場を提供する

㉒放課後児童クラブ

期

学校

㉓特別支援教育コーディネーター

㉓障がいのあるまたは配慮が必要な子どもの発達や障がい全般に関する知識をもつ教員。各学校で指名される。福祉機関などとの連携・連絡調整、保護者などからの相談を受ける

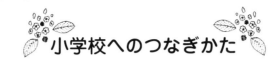

小学校へのつなぎかた

　現在、保育所や幼稚園などから小学校へ支援をつなぐ試みが始まっています。たとえば、保育者が親の承諾の元に就学支援シートを作成し、小学校への支援につないでいる自治体もあります。

　小学校では様々な支援の情報を欲しがっています。本来、担当者から次の担任の先生へ引き継ぎが必要です。日本では移行支援について何も義務がありませんが、欧米では新しい環境への移行については、担当者から担当者へコーディネーターを通じて引き継ぐ「移行支援計画の実行」が義務化されています。

　学校に通うようになってから親子が困らないよう、支援の内容や方法などは引き継いでいきたいものです。この教科書の巻末にサポートシートを付けてありますので活用してみてください。

> 小学校に
> つなげたい情報

＊好きなこと・得意なこと
＊自尊感情の育ち
＊感覚過敏や感覚障がい
＊コミュニケーションの状態や支援の方法
＊集団適応の様子
＊生活の自立についての様子
＊運動の様子
＊学習面での様子
＊サポートネットワークの生態図

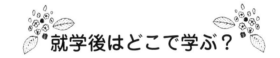

就学後はどこで学ぶ？

　来年度就学という時期、前年11月頃には、就学時健康診断があります。その際、通う可能性のある小学校について考えてみましょう。

　まず、通常の学級で学ぶことを選択する場合です。通常の学級では合理的配慮について、就学支援シートなど活用して、ていねいに小学校へ情報を引き継ぐことが大切になります。

　次に、障がいが比較的軽度の場合は、小・中学校に設置される**特別支援学級**で学ぶこともできます。障がいの種別ごとに分かれており、知的発達症、肢体不自由、病弱・身体虚弱、弱視、難聴、言語障がい、自閉症・情緒障がいの学級があります。ただし、地域によって学級の種類や学級数には違いがあります。特別支援学級では自立活動（p.122）など、通常の教育課程にはない個々のニーズに応じた教育内容で学ぶことができます。地域の小・中学校と同様、市町村の教育委員会が設置しています。

また、通常の学級に在籍しながら、**通級による指導**を希望することもあります。現在、通常の学級には多くの LD・ADHD・ASD などのこどもたちが学んでおり、文部科学省の2022 年の調査によると、約 8.8％程度の配慮を要する児童生徒が在籍しています。通級による指導では、週に 1 回、あるいは半日など、一定時間だけ通級指導教室に行き、個別指導や小集団指導を受けます。コミュニケーションや特性の理解、自分に合った合理的配慮の方法などを学ぶことができます。通常の学級の担任とは異なる、通級による指導学級の先生も担当します。

　比較的障がいが重度な場合、**特別支援学校**で学ぶことができます。特別支援学校は、以前の盲学校・聾学校・養護学校が 2007 年の学校教育法の改正で一本化されたものです。制度上は変わりましたが、校名はそのままの学校もあります。支援学校ではスクールバスが登下校時に送迎するほか、教員の専門性も高く、施設設備も整っているため安心して学ぶことができます。病院の中にあったり、併設している場合もあります。都道府県の教育委員会に設置義務があります。

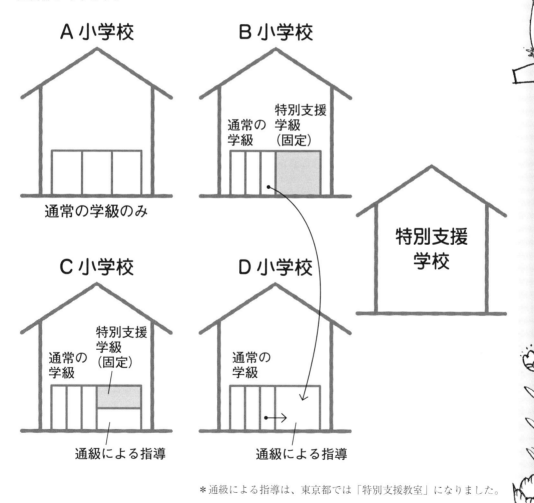

＊通級による指導は、東京都では「特別支援教室」になりました。

 **Column** 自立活動

　自立活動とは特別支援学校、特別支援学級などで行われている「個々の児童又は生徒が自立を目指し、障害による学習上又は生活上の困難を主体的に改善・克服するために必要な知識、技能、態度及び習慣を養い、もって心身の調和的基盤を培う。」（特別支援学校小学部・中学部学習指導要領第7章）ことを目的とした指導です。

　自立活動は6区分あり、健康の保持、心理的な安定、人間関係の形成、環境の把握、身体の動き、コミュニケーションを中心として行います。一人ひとりに合ったプランを作成するために実態把握をていねいに行い、計画を個別に立てて、チームで支えていきます。

Lesson10 のまとめ

　サポートしている者同士が、どんな支援をしているのか理解できるようにしましょう。また、支援の目的や方針を共有しましょう。子どもにかかわるすべての大人は、子どもたちの健やかな成長と発達のために、自分自身も輪のなかに入り、お互いに連携することが大切です。子どもは支援の必要のあるなしにかかわらず、温かな輪のなかで育てたいものです。

　今後、発達支援コーディネーターを育成することが重要になってきます。早期から発達支援ができるように、下記の学会などでぜひ学んでください。

◆（社）こども家族早期発達支援学会→ p.159 参照

LESSON

11

支援の方法を考える
実践ワーク

実際の支援領域に
合わせて
支援の実際を
考えてみましょう。

支援の実際

　この章では、いよいよ具体的な支援の方法について学びます。支援したい項目の分類には様々なものがありますが、重要と思われることを8つに分けてみました（次ページ）。巻末付録のサポートシートを見ながら、自分のことや身近な子どものことを思い浮かべ、考えてみましょう。

●考える順序

　支援には手順があります。①子どもの様子や状況を理解する→②支援の目標を考える→③計画を立てる→④支援をする→⑤支援の検証をする、という流れです。

①子どもの様子や状況を支援領域ごとに書いてみます。
②支援目標を考えます。目標はなるべく1つか2つに絞り、着実に積み上げるようにしましょう。とくに今、力を入れなければならない項目、あるいはもうすぐできそう、少し手伝うとできる項目を目標にします。
③目標を達成するために、どのような場面で誰がどのように支援するのか計画を立てます。そして Lesson 6〜10 で学んだ5つの支援方法（心の支援・発達論による支援・行動への支援・環境調整による支援・周囲の人の連携による支援）を参考にして考えます。
④実際に支援をします。
⑤どのように変化したのか、自分の支援方法はよかったのかを検証してみます。

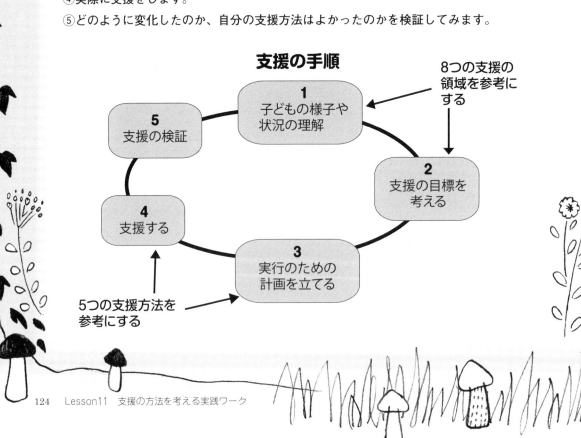

支援の手順

8つの支援の領域を参考にする

1 子どもの様子や状況の理解
2 支援の目標を考える
3 実行のための計画を立てる
4 支援する
5 支援の検証

5つの支援方法を参考にする

８つの支援の領域

1 得意なこと・伸ばしたいこと

* お手伝いが好き
* 一度聴いた音楽をすぐ覚えてしまう
* 地図や時刻表をよく覚えている
* 小さい子に親切
* 色彩が豊かで絵が得意

2 自尊感情（自分を大切に思う気持ち）

* 自信がなく不安
* 自分の番になると話せない
* 自分や他者を傷つける

3 感覚（視覚・聴覚・味覚・身体感覚など）

* 糊や粘土などベタベタするものが嫌い
* 音に敏感に反応する
* シャワーを嫌がる
* 汗をかいたり、少し濡れるだけで洋服を脱いでしまう

4 コミュニケーション

* 自分の気持ちを言葉で表現できない
* 全体に説明しても、一人だけわかっていない
* 友達を叩いたり、かみついたりする
* 話している途中で会話に割り込む
* 自分の話を一方的にする
* 相手の気持ちの理解が難しい

5 集団適応

* 1番になりたい、勝負に勝たないと怒る
* 一人で好きなもので遊ぶことが好き。集団に入らない
* 場面の切りかえが難しい
* 狭い空間が好き
* 行事に参加しない
* じっと座っておらず、動きまわることが多い
* 集中時間が短い

6 生活

* トイレに行けない
* 昼寝をしない
* 好きなメニューが決まっている

7 運動

* ハサミの使い方など不器用でぎこちない
* バランスがとれず、よく転ぶ
* 少しの斜面を怖がる
* 人によくぶつかる

8 学習

* 線がうまく書けない
* 自分の気持ちが話せない
* 自由に描けない
* 数が数えられない
* 2つ以上の頼み事が覚えられない
* ○や△を認知したり、書いたりできない

8つの支援領域について、もう少し詳しく考えてみましょう。

1 得意なこと・伸ばしたいこと

　支援の必要な子どもは、問題行動や困った行動が強調されがちですが、本当の特別支援で忘れてならないのは、彼らの才能を見いだし、得意な部分を伸ばすことです。

　どの子どもにも一人ひとり素晴らしい才能や資質があります。たとえば、絵画やデザイン、芸能といった芸術系センスや才能のほか、スポーツ、習字や語学などのおけいこ事に豊かな才能がある子どももいます。立体構成、物理や数学、歴史など特定分野の研究ができそうな子ども、また判断力や優れた感性などといった才能がある子どもにもよく出会います。

　そのため、疲れを知らない、瞬時にいくつものことをこなせる、友達が多い、一人で１つのことをとことん追求する、など欠点と思われている行動も、支援次第では才能に生まれかわるかもしれません。

　ほかにも記憶力、パズル、音楽、科学、昆虫、自然への探求心、英語、太鼓、リズムなどに知識と関心を示すこともあります。また、気質の面でも、人一倍の感受性、人の気持ちをくみとる力、優しさ、正直さ、勤勉さ、几帳面さなどをもち合わせている子どももいます。

　これらのことは、私たちの想像や知識を超えている場合もありますので、支援の必要な子どもだけではなく、どの子どもにもある素敵なところを支援するとよいでしょう。

●自立につながる支援

　支援は、つねに一人ひとりの得意なところ、好きなこと、優れた才能を発見し、寄りそって共に感動するところから始まります。問題行動や困った行動から支援に入る方法は、できないところや苦手なところへのトレーニングになりがちで、子どもや親の心を傷つけます。

　本物の特別支援ができる保育者とは、彼らの才能や好きなことを幼いうちから見抜き、苦手なところを補いながら、将来の自立や夢につなげるサポートができる人です。たとえば、間違い探しクイズをすると一瞬で答えがわかる、ジグソーパズルのピースを１つ見ただけでどの位置かがわかる、カレンダーを100年分暗記できる、一度聴いた音楽を間違いなく歌うことができる、など家族が気づかない才能を保育者や友達が発見することもあります。

　将来、自立するために必要なのは、好きなことや得意なことです。不得意な分野は多数派の発達に追いつくだけでも多大な努力を必要とすることが多く、課題が多すぎると才能を伸ばすこともできなくなります。そこで、日常生活に困らないように道具や支援を活用し、感情をコントロールしたり、苦手なことを上手に乗り切る方法を取得したほうが良い自立につながります。

2　自尊感情への配慮

　自尊感情とは「自分を好きに思えるかどうか」、つまり自分を大切にする気持ちでした（p.74）。人は誰でも自分を大切にしてほしい、認められたいと思いながら生きています。どんなに問題行動が多い子どもも、おとなしくて手がかからない子どもも、心のなかでは認められたい、ほめられたいと思っています。

　子どもの良いところを見つけたら、なるべくどの子も一人ひとりほめる、お手伝いを頼む、自分の宝物や素敵なところを見つける、など自尊感情がアップする活動を取り入れるようにしましょう。

ワーク　自分を大切にする気持ちを育てよう

　子どもが「自分って素敵だな」と思えるように、また、友達と同じではなくても"自分で自分を大切にする気持ち"を育てるために、どんなことをしたらよいか考えてみましょう。

例）子どもに自分の宝物をもってきてもらい、一人ずつ発表する。みんなの前でかならず
　　「素敵だね！」とほめる。

3 感覚の違いへの配慮
敏感さと鈍感さが同居している

　感覚の違いは発達障がいのある子どもによく見られる症状ですし、私たちもみな少なからず五感の違いをもっています。しかし、この感覚の違いについて理解している支援者は、まだ少ないのが現状です。

　たとえば知的発達症のない ASD でも一人ひとりが同じ症状とはかぎりません。聴覚の過敏性や視野の違いは、子どもが自分で人との違いを伝えることができないので、結果として多くの問題行動（パニック、コミュニケーション障がい、友達とのトラブル、教室からの飛び出しなど）を引き起こします。そのため、行動を何とか止めようとするのではなく、その行動の理由を理解することが大切です。

　我慢の強要や多数派のルールに無理に合わせることは、パニックや二次障がいにつながり、支援に何倍もの時間と苦労が伴います。早期にこの感覚の違いに気づいて支援ができると、子どもも親も保育者も安心し、症状は軽減されます。コミュニケーションがとれない、友達ができない、不登校になる、といった二次障がいになる前に、ていねいで積極的な支援のポイントを学びましょう。

●見え方が違う

　目の検査というと、私たちはまず視力を思い浮かべます。では、視野についてはどうでしょうか。高齢になると視野の検査をすることがあっても、子どもの視野について気にすることは少ないです。物の見え方や形の違いを認識する力を視知覚といいますが、子どもによっては物の形がゆがんで見えたり、遠近感がつかめなかったり、周囲のものがぼやけて見えていたり、あるいは目の前にある比較的中心部のものだけがよく見えたりしています。しかし、このことはあまり知られていません。

　発達障がいの子どもは色、形、奥行き、線の重なりなどが、私たちと違う空間として認識されている可能性があることを知っていれば、彼らを理解するために役立つでしょう。

> **Check**
> **見え方の違い**　　　　同年齢の子どもと比べたときの様子を観察し、注意してほしいポイントを挙げます。
>
> ☐ 友達とよくぶつかる　　　　　　　　☐ ボールを怖がる
> ☐ 坂道が怖い、階段が怖い　　　　　　☐ 奥行きがつかめないのか、全力で走ってはぶつかる
> ☐ 人の顔をなかなか覚えない　　　　　☐ 表情の違いがわからない
> ☐ 色や形が違って見える　　　　　　　☐ 工作の立体が構成できない
> ☐ 滑り台を前向きにすべらない　　　　☐ 危険なところに平気で移動したり、走ったりする

これらの違いは、日常のなかで多くの混乱や不安を引き起こしている結果としての行動です。子どもは自分で同年齢の子どもとの違いを伝えることができないので、保育者が気づくことが大切なのです。

●聞こえ方が違う

　発達障がいのある子どもの聴覚は敏感すぎたり、鈍感だったりします。

　たとえば、スクランブル交差点の真ん中に立つと、ざわめきがすさまじい勢いで飛び込んできます。しかし、人間の脳には余計な音や聞きたくない音などを和らげるフィルターのような働きがあり、聞きたい音だけを抽出して聞き分けることができます。このように人は通常、意識しなくても自分の聞きたい音を聞くことができますが、そのフィルターがうまく働かないためと考えられています。

　突然の音、初めて聞く音、大きな音などは非常にショックを受けます。大勢の人がいるところや、音楽会、運動会などは様々な雑音があるので、苦手な子どもが多くいます。とくに運動会のピストルの音は爆発音のように聞こえるため大変怖がり、ショック症状を起こす子どももいますので、突然の音や聞きなれない音を出すことは、なるべく避けましょう。

**Check
聞こえ方の違い**　　　同年齢の子どもと比べたときの様子を観察し、
注意してほしいポイントを挙げます。

- 人の集まる、ざわざわしたところが嫌い
- 集会など行事を抜け出す
- 子ども同士の話し合いから抜ける
- 休み時間などには、子どもが大勢いるところより静かなところにいる
- 音楽会などのときジッとしていられない
- 掃除機、飛行機など突然の予期せぬ音にパニックになる
- ボールを怖がる

　聴覚の過敏さに対して、我慢するのは逆効果です。追いつめられて不安になるとますます過敏になりますので、耳栓をする、聞こえない場所に逃げる、ヘッドホンをつけるなど、騒音や雑音を遠ざける具体的な対処方法を考えます。

●皮膚の感覚が違う

　皮膚の感覚も敏感であったり、反対に鈍感だったりします。多数派の人と異なる感覚をもっており、それゆえ少しの刺激でも痛かったり、くすぐったかったりということがあります。

Check 皮膚の感覚の違い

同年齢の子どもと比べたときの様子を観察し、
注意してほしいポイントを挙げます。

- [ ] シャワーを痛がる
- [ ] 雨を痛がる
- [ ] 砂が落ちているだけでも歩けない
- [ ] 足が締めつけられるように感じるため、靴をすぐ脱いでしまう
- [ ] 人がぶつかってもわからない
- [ ] 痛みを感じないので、ケガをしていても気がつかない
- [ ] 身体にさわられるとパニックを起こす
- [ ] 洋服が少し濡れただけで、すぐ脱いでしまう
- [ ] 同じ服しか着ない
- [ ] すぐ裸足になる

　このような皮膚の感覚の違いは、本人の努力ではどうにもならないものです。多数派の人からは嫌な感覚を強要されたり、理解されないことも多いため、理由のわからないパニックなどの原因になっていることがあります。

　抱っこを嫌がる子どものなかには、抱かれるときのフワッとした皮膚の感覚が嫌で、反対に強く抱っこされることを好む場合もあります。自分が気持ちいいと感じる感覚も、すべての人が同じように感じているわけではないことを理解しましょう。異なる感覚の人であることを尊重し、嫌な感覚はなるべく予防したり軽減する支援をしましょう。

●味覚が違う

　みなさん、好き嫌いはありませんか？　子どものなかには白いご飯しか食べない、同じメーカーのジャム以外は食べない、など食べ物にこだわりのある子がいます。これは多くの場合、私たちより様々な匂いや食感を感じとるため、敏感に反応していると考えられます。

Check 味覚の違い

同年齢の子どもと比べたときの様子を観察し、
注意してほしいポイントを挙げます。

- [ ] コロッケは冷めてから食べる
- [ ] フライは食べない
- [ ] 様々な味が混じっていると食べない
- [ ] カレーやピラフは具を別々にして食べる
- [ ] 冷凍食品は食べない
- [ ] 白いご飯しか食べない
- [ ] 色の濃いものは食べない

　フライやコロッケなどの揚げたては、口の中が痛いという子どももいます。給食の食器は消毒液の臭いが嫌で食べられないときもあります。ぶつぶつ、ざらざらしているものは、舌が敏感で異物のように感じます。そのため、偏食がひどく同じものしか食べないと思われている場合もあります。

　心理的に不安定な場合は、無理に食べさせるより、信頼関係をつくることにポイントを起きます。安心して楽しい雰囲気をつくると、自然に食べ物のバリエーションが広がります。

そうやって年齢とともに少しずつ慣れるように支援をしましょう。

●身体感覚が違う

　自分の身体の境界線がつかめない、身体がどこまで続いているのかわからないというような、身体の感覚や境界線がわからないため、見えているはずの椅子や机につまずいたり、自分の位置がわからなくなって迷子になることがよくあります。

　運動会や劇の練習などでは、位置や方向が変わるので、空間における自分の身体の位置を理解することが難しく、友達や前の子の動きを手がかりに動いている場合があります。明確な印を入れたり、カラーコーンを置く、近くでそっと指示を出すなどをすると、わかるようになります。

Check
身体感覚の違い　　　　　　同年齢の子どもと比べたときの様子を観察し、
　　　　　　　　　　　　　　　注意してほしいポイントを挙げます。

☐ よく転ぶ　　　　　　　　　　　☐ まっすぐ立てない
☐ 人にぶつかる　　　　　　　　　☐ 方向がわからなくなる
☐ 運動会のダンスなどで移動場所がわからない

　感覚運動をたくさん取り入れた遊びを行うことで身体感覚が育ちます。水遊び、土遊び、砂遊び、小麦粉粘土、回転運動やゴロゴロ転がる楽しい遊び、ブランコ、ボールプール、サイバーホイールなど、全身運動で身体を使って遊ぶことが効果的です。

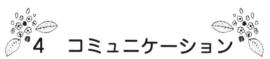

4　コミュニケーション

　コミュニケーションは人と人との意思伝達です。私たちはみな一人ひとり違うことを考えています。私たちが意思伝達手段のなかでよく使うのは、言葉と表情やジェスチャーなどの視覚情報です。特別支援の必要な子どもは視覚や聴覚に違いがあるので、言葉や視覚情報だけではコミュニケーションできない場合があり、保育者は様々なコミュニケーション手段を知っていることが大切です。

●コミュニケーションと気持ちのすれ違い

　保育所や幼稚園の巡回等で観察対象になる時間は、保育者と子どもがやりとりする活動中などが多いのですが、子どもの不安や課題を一番よく理解できるのは、子ども同士のやりとりが多い場面です。たとえば給食や休み時間などです。

発達障がいの子どもは、言葉のやりとりでの勘違いや聞き間違いがよく起こります。そのため保育者とのコミュニケーションのすれ違いが多く見受けられます。

たとえば、手を洗いに行く、自由に遊ぶ、食事の準備などの自由時間には、子ども同士でやりとりが盛んに行われますが、その場面で自分の気持ちを伝え、仲間をつくることが苦手な子どもが多いのです。大人の知らないところで勘違いしたり、言葉が通じなかったりして、けんかやトラブルに発展し、仲間はずれやいじめの対象になるケースがよく見受けられます。

相手の話を聞かず、ずっと一方的に話しつづける子どももいます。子ども同士では、コミュニケーションがうまくとれない子どもは嫌われる原因になり、友達ができずに一人ぼっちです。このような子どもは、どうやって話しかければよいのか教えてもらえず、その方法がわからないまま困っています。

●支援のポイント

子どもたち同士の通訳になったつもりで、コミュニケーションを上手につなぎましょう。

特別な支援を必要とする子どもは、表情や雰囲気を読みとるのが苦手ではありますが、人の気持ちがわからないわけではありません。

また、発達障がいの子どもは、コミュニケーション障がいがあるとされていますが、人の気持ちを読みとるのが苦手なだけで、むしろ人の気持ちに敏感な子どもも多いのです。

私たちが言語のわからない国に行き、コミュニケーションが難しくなったからといって、感じる心が失われてしまったわけではないように、読みとり方、受けとり方、発信の仕方に難しさがあるだけと考えられます。発達障がいの子どもは、自分なりの困ったときのサインの出し方、気持ちの伝え方を学ぶ必要があるのです。

表情の違いやしぐさのサイン、言葉の比喩や冗談の理解が難しいために、意味を理解できず、勘違いしていることがよくあります。相手を認めて尊重する気持ちを大切にすることがコミュニケーションの基本です。表情や雰囲気の読みとり方や、友達との心のやりとりの方法を、その場その場で教えていきましょう。また、小グループでの支援を心がけるとよいでしょう。

具体的には友達とのコミュニケーションの場面で、実際にどう伝えればいいのか、どんなふうに話せば友達ができるのかなどを、いじめや仲間はずれが起こる前に、ていねいにその場に応じたコミュニケーションの方法を支援するとよいでしょう。

●トラブルのときは

一つひとつの場面について、なぜそのようになってしまったのか、お互いの気持ちを通訳しながら、ていねいにロールプレイやパペットなどを使って、実際の場面を再現します。良いモデルを示して、練習しておくとよいでしょう。抽象的な指示の出し方や同義語などは意

味を理解するのが困難ですので、注意してください。

　周囲の子どもの理解も不可欠です。周りの子どもも、子ども同士の良い伝え方や言葉遣いを学ぶと、我慢強く優しい心や自分と異なる人を受け入れる心が育ちます。現在、多くの子どもや大人が自分と違った人を排斥しようとする気持ちが強いのは、お互いのコミュニケーションの方法がわからないからかもしれません

　コミュニケーションのすれ違いは、人とかかわるのが苦手、相手との距離がつかめない、相手の気持ちを読みとるのが下手、というような人とのかかわり方に関する課題すべてにつながっています。話がうまくかみ合わない、一方的に話しすぎる、言葉をそのまま受けとる、などは友達との関係にも影響があります。

5　集団適応

> たとえば……　授業以外ほぼすべての時間、すぐ席を離れる
> 　　　　　　　教室が変更になるたび、迷子になる
> 　　　　　　　すぐかっとなる
> 　　　　　　　友達に暴力をふるう
> 　　　　　　　自分を傷つける

　行動は目に見えやすく、支援しやすい領域です。上記のように、目に見えない心の部分も行動に現れますし、ひとつの動作や学習成果も行動を通して現れます。そのため、問題行動として多くのものが例に挙がります。

　あるひとつの問題行動には、かならず理由があります。その理由には、様々な要因がからんでいます。たとえば、家で親が厳しすぎて、ありのままの良さを認められず力で押さえこまれている子どもなどは、学校で様々な問題行動を起こすことがあります。このような場合、強く叱っても、心が育っていないため、より深刻な行動をしたり、傷が深くなるだけの場合があります。

　本来、支援しなければならないのは、親の心に対する支援である場合もよくあります。現在、子どもの問題行動と思われる行動が増えていますが、ある特定の行動ひとつで評価をするよりも、様々な理由や原因を理解し、その行動が現れる真の理由や原因に対して支援することが大切です（参考：Lesson8）。

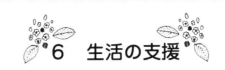

6　生活の支援

> たとえば……　登下校、休み時間、給食、掃除の過ごし方
> どこに提出物を出すか
> 明日、何をもっていくのか
> 明日の時間割が変更になったときどうするか
> 給食の好き嫌いをどうするか

　生活とは、将来の自立に向けた生活習慣の確立、日常生活にかかわることや社会でのルールの理解など、様々なものがあります。学校のなかでの生活は、ごく限られたものですが、実際に社会に出たとき、自立に向かって一人でしなければならないことを想定して学びます。たとえば、次のようなことがあります。

＊自分で身の回りの持ち物の整理整頓ができる
＊身だしなみが整えられる
＊友達と友好的な関係で付き合える
＊家でお手伝いができる
＊気候に合った適切な洋服が選べる
＊トイレに一人で行ける
＊休み時間に適切なことをして過ごせる
＊自分の情緒が不安的になったとき、一人で立てなおしができる
＊宿題の提出方法がわかる
＊忘れ物をしたらどうすればよいかがわかる

　一般的に集団生活が可能となる目安は、学校で過ごす時間において必要な身辺が自立していることであるため、小学校などでは身の回りの生活習慣における支援は、集団のなかでの統制という形でしか現れません。
　ところが、発達障がいのある子どもは知的発達症がなくても、生活にかかわる基本的な部分に支援が必要なケースがよくあります。特別支援学校では「自立活動」という時間がありますが、通常学級ではできていること・できるようになるだろうことが前提に考えられてしまうため、一人で身につけられず、困惑している姿をたびたび見かけます。
　大抵は感覚の違いやコミュニケーション障がいなどが原因であるため、ただ叱ったりルールを決めるだけでは、身につかないことが多くあります。一人ひとりに合った支援が将来、子どもの自立を可能にする大切な支援の領域です。

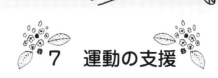

7　運動の支援

●発達性協調運動障がい

　発達障がいの子どもは、発達性協調運動障がいを伴うことがあります。たとえば、大縄跳びは目の動きで縄を追いながら、次々入ってくる子どもの位置も確認し、跳びつづける高度な動きが必要です。引っかかると、そこで動きが止まり、誰が引っかかったのかすぐわかります。ある学校では、全員参加のクラス対抗大縄跳び大会があります。誰か一人が引っかかってしまうと、そこでクラスは負けます。もし、クラスに車椅子の子どもが一人いたら、その子の存在だけでクラスは負けてしまいます。しかし車椅子の子どもに大縄跳びを強制する先生はいないでしょう。

　同じように、発達障がいの子どもにも、がんばっても同じ年齢の子と競うほどはできない運動があります。でも、彼らに対する風当たりは強いのが通常です。日本の保育者・教師の多くは、発達障がいの子どもの協調運動障がいについて知りません。がんばれば跳べる、努力が足りない、クラスが負けたのはお前のせいだ、根性が足りないと子どもを責め、子どもが傷つき、不登園・不登校の原因になっています。

　先生に存在を否定されると、クラスでいじめの対象になりがちです。「自分がいるからダメなんだ」「自分の存在を消したい」と訴えてくる子どももあとをたちません。「子どもの能力が全員同じであることを前提とした指導や、見栄え・出来ばえ重視の保育や教育は、子どもの心を深く傷つけていく」ことを大人は考える必要があるのではないか、と感じます。

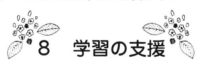

8　学習の支援

> たとえば……　　どの時間、どの部分でつまづいているのか
> 　　　　　　　　どこがわからないのか
> 　　　　　　　わからない部分をどうやって補うのか
> 　　　　　　　なぜ何度教えても間違えるのか

　学習は、すべての科目・学科で支援が必要です。基本的には、集団のなかであっても個別支援が効果的です。通常学級だけだと、多くの子どもは能力に差があるために、易しすぎるか難しすぎるという課題があります。その偏りの部分から、よくできる部分をより伸ばし、できない部分に時間を取られすぎず、カバーしながら進むことがとても大切です。国語、算数、生活、体育、音楽といったように、本来はその科目ごとに支援のポイントが様々あります。

算数であれば、大きめのノートを使う。先生は説明のとき、図や具体物を多く使う。言葉の説明だけでなく、席の側に来てわかりやすく説明しなおす。グラフや図がきちんと見えているか確かめる。答えが同じになるのであれば、その子どもの特性に合った解き方を推奨する、などです。

　様々な地域の通常学級での授業を毎日のように観察しますが、ここまで個々の子どもの理解能力の格差が広がると、個別の学習支援がきちんとできている例はあまり多くありません。実際には、一人の先生が 10 名以上の支援が必要な子どもを抱えているような学級も珍しくありません。通常学級を一人で担任しながら、同時に特別支援学級の担任も一人で 10 名担当しているような現状です。子どもは席に座ることが精一杯……。

　現実には中学校の通常学級であっても、数学の方程式を聞きながら、実際には九九がわからない子どもがいます。また、小学校 1 年生で習う漢字が書けない子どももいます。

　一方、ある科目の能力が非常に高いのに、学級のなかで仲間はずれやいじめにあって不登校になっている子どもも大勢いるのです。

 ## Lesson11 のまとめ

　支援したい具体的な項目として、コミュニケーション・集団適応・生活・運動・学習などについて学んできました。全体を通じて、子どもの体験学習はとても大切です。たとえば、空間認知が苦手な子どもには、いくら言葉だけで「右に行って、左に曲がって」と指示を出しても、何度やりなおしをしても、ほかの子どもと同じ方法では理解できません。このような時は、身体を実際に動かし、身体を使って学習すると有効です。

　また、火を使ったことのない子どもは、火の熱さも怖さも知りません。一般的に手指を使い、身体を動かしながら、子どもは学んでいきます。その場その場で、どうしたらよいのか体験しながら、学び、経験を積まなければ、同じパターンの学習方法だけでは、実際にはわからないこと、役に立たないことがたくさんあります。

　体験学習は、日常生活や自立学習のためにも非常に重要です。どの子どもも体験不足になっています。これからの豊かな保育・教育とは、子どもたちに生きた体験をたくさん準備すること。そのなかで育つことがたくさんあるのです。

LESSON

12

個別の教育支援計画を
つくる

子どもの一生を見通した
サポートプランを
考えましょう。

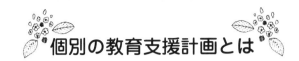

個別の教育支援計画とは

　特別な支援を必要とする子どもは、多数派と異なる発達をします。そのため支援も、きめ細やかでていねいにするために、個別の教育支援計画を作成します。たとえるなら、多数派が似合う既成服ではなく、少数派に応じたオーダーメードの服を保育や教育でもデザインするという考え方です。

　個別の教育支援計画は、保育・幼児教育・学校・家庭すべてを見通してつくられます。乳幼児期から自立に至るまでの長い期間について考え、現在の支援を計画します。いうなれば、その子どもが地域で幸せに生きるために必要な支援に関する計画書です。

　早期に支援を始めたほうが就学後も適応は良くなります。学童期、思春期、成人と支援が遅れるほど、親も子どもも自分が人と違うことを責める傾向があります。放置されるほど二次障がいへのリスクが高まり、それだけ支援の手が届きにくくなるのです。乳幼児期こそ、支援を始める大きなチャンスであるともいえます。保護者と保育者が顔を合わせる機会が多い乳幼児期に支援につなげることは、その子どもの未来を保障するために大切な仕事です。

　保育者も一人ひとりのニーズに沿った個別の教育支援計画の作成ができるように学んでいきましょう。作成には保護者との協力が欠かせないので、承諾が必要となります。支援の必要があるならば、積極的にできることからサポートしてください。

　個別の教育支援計画は保護者、保育者、専門家などが共に作成する計画書です。誰か一人の担当者が作成するのではなく、子どもの周りで支援をしている人が集まり、支援会議をして、情報共有しながら作成しましょう。

　計画と実行はかならずチームを組んで行います。そのためには支援会議（ケース会議）を行うことが大切です。支援会議のメンバーの選定やセッティングは、保育所や幼稚園のコーディネーター役の保育者が行います。日本では乳幼児期のコーディネーターの専門職が育成されていませんが、みなさんは将来、コーディネートができ、親子の力になれる保育者を目指して今から学んでおきましょう。

●支援コーディネーター

　個別の教育支援計画や具体的な支援の実際については、担任、保護者、アドバイザーなどのあいだの連絡・調整をし、支援会議を開けるようにセッティングできる力のある人が行います。このような人を支援コーディネーターと呼びます。

　海外では、早期介入コーディネーター（EIコーディネーター）という専門職があり、支援が必要な乳幼児と家族に対して、療育センターなどで個別の家族支援計画を立案し、実行するためのサポートをしてくれます。日本ではまだありませんが、このような状況であるか

らこそ、地域のどこに行けばどんな支援が行われているのか、一人ひとりの保育者が理解していることが重要です。

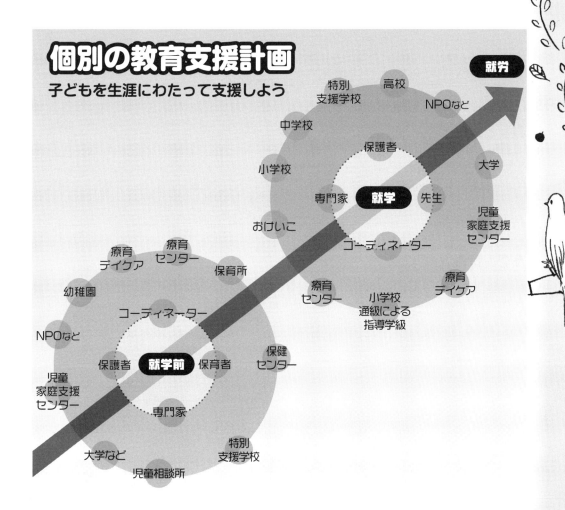

図12-1　個別の教育支援計画
出典：国立特別支援教育総合研究所「「個別の教育支援計画」の策定に関する実際的研究」（平成16〜17年度）を改変

個別の教育支援計画を作成する
I　フェイスシート

　では、手順に従って、個別の教育支援計画のつくり方を学んでいきましょう。まず、巻末付録のサポートシート集にある「みんなで育てるサポートシート（個別の教育支援計画）」のサンプルを見てください。

●子どもと家族を理解する

　子どもの支援は、家族の協力なしには良い支援ができません。そこで、まず家族構成や家族は協力的であるか、母親は孤立していないかどうかなどを理解します。そのために保護者の方に記入してもらい、「フェイスシート」を作成します。

●個人情報

　名前や住所、診断名や主治医など、必要な個人情報を記入してもらいます。とくに重要なのは、発作の有無や服薬をしているかどうかをチェックしておくことです。

●利用している療育機関

　定期的に通っている療育機関の情報について、過去から現在まで順番に書き入れます。この一覧を見れば、障がいの診断を受けているのか、どこで、誰に、どのような支援を受けているのか理解できます。支援機関の担当の方とは直接、顔を合わせておくと支援にとても役立ちます。また、療育以外に通っているおけいこ事なども参考になります。

●家族図

　家族図によって家族構成が理解できます。祖父母が近くに住んでいるか、子育てを手伝ってもらえるのか、なども重要な情報です。

●家族の利用している支援

　家族が支援を受けているかどうかの情報です。保護者または家族でどのような支援、研修、相談を受けたことがあるか書いてもらいます。家族で療育キャンプに参加した、勉強会や親の会などでサポートなどを受けている、など保護者側に知識やネットワークがあると、サポ

ートをするとき役立ちます。

　また、児童家庭支援センターをよく利用しているなど支援先がわかっていれば、支援方法で困ったときに療育機関の担当者に相談することもできます。

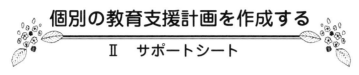

個別の教育支援計画を作成する
II　サポートシート

　次に、保育者が記入するサポートシートについて説明します。

●本人・家族の夢や願い

　ここには、家族の将来への夢や希望を書き入れます。ささやかなメッセージでもかまいませんので、家族からも一言でも書いてもらうといいでしょう。この欄に書かれていることを話題にして保護者の方と話し合いをし、良い雰囲気づくりに役立てます。お互いを理解するきっかけもつかめます。

●将来についての希望（得意なこと・伸ばしたいこと）

　将来への希望も、家族からも書き込んでもらうようにします。支援する者同士がお互いに子どもの素敵なところを見つけるように努力します。

●支援目標と支援の方法

　Lesson11 の例を参考に、子どもが困っていたり不安に思ったりしている支援の項目から優先順位の高い項目を選びます。この目標は長期目標といって、1年間を目安に考えます。最初から無理な目標を設定しないで、もうすぐできそうなものや優先順位が高い目標を書くとよいでしょう。

　支援の方法は、Lesson 6 から 10 の具体的な支援の方法を参考にして、実際にできる範囲で書いてみます。より細かい支援方法は、Lesson11 を参考にしてください。3カ月程度でできそうな支援内容を書くとよいでしょう。

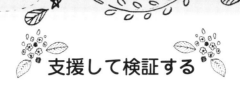

支援して検証する

　支援会議で共通理解を図り、周囲の大人全員で支援に取り組むようにしましょう。

　その後、支援がうまくいったかどうかを検証します。支援がうまくいかないのは子どもの責任ではなく、大抵は支援の目標が難しすぎたり多すぎたりした場合か、連携不足によるものです。どこが問題なのかを3カ月に一度は話し合うことが理想です。

記録を取る

　自分が担当する子どものポートフォリオ（レポートや資料、写真などを整理してまとめたファイル）をつくりましょう。今までの個別の教育支援計画のフェイスシートやサポートシートをファイルに挟みます。

　ファイルには、子どもの記録をていねいに残し、かならず保護者・関係者・次の担当者に引き継ぐようにします。ファイルに入れるべきものは以下のようなものです。

　①個別の教育支援計画
　②子どもの発達検査やプロフィール（子どものかわいい写真を貼りましょう）
　③サポートシート
　④子どもの作品や支援グッズ
　⑤担当者のエピソード記録

●エピソード記録

　どのような状況で支援がうまくいかなかったのか、トラブルが起こったのか、あるいはどのような支援をしたら良い支援と結びついたのかなど、エピソードの記録を残します。次の担当者や保護者に役立つ状況は、かならずファイリングする習慣をつけましょう。エピソード記録の例と記録用紙は巻末についていますので参考にしてください。

Lesson12 のまとめ

　この章では、個別の支援について計画の立て方や記録の取り方を学びました。自分で子どものポートフォリオをつくり、記録を取ることをしていきましょう。

LESSON 13

ケーススタディ

実際のケースを参考にして
実践力を養いましょう。

この章では、実際のケースを読みながら、今まで学んだことを生かし、支援方法を考えていきましょう。

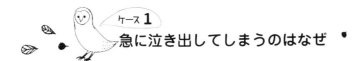

急に泣き出してしまうのはなぜ

> Tくんは優しくおとなしい子で、ブロック遊びが大好きです。でも、急に泣き出してしまうことが多く、そんな時は部屋のなかにいることができなくなります。廊下の隅でじっとしていることも多いです。
>
> プールも大好きなのですが、みんなと一緒に入ることができません。みんなが歓声を上げて入っていても、プールサイドで泣いています。かと思うと、友達を叩いてしまうこともあります。

みなさんはTくんにどのような支援を考えますか？　ここで思い出してほしいのは、Lesson11で学んだ感覚の違いについて、そして次に説明する「感覚統合」という考え方です。

●子どもの感覚について考える

私たちは、主に5つの感覚を使って周囲の状況を理解しています。それは、見る＝視覚、聞く＝聴覚、さわる＝触覚、味わう＝味覚、嗅ぐ＝嗅覚という感覚です。

ひとつでもうまく働かなくなると、生活するうえでとても不便で、不安が大きくなります。もし見えなくなったら、味がわからなくなったら、ふれたものを感じなかったら……と想像してみてください。

また、それ以外にも身体のなかで感じる感覚があります。1つ目は、筋肉や関節に感じる感覚、「固有受容覚」です。これは、持つときに重さを感じたり、何かを押すときに力を感じたりする感覚のことです。見ないでもボタンをはめたり、背中を洗えたりするのは、この固有受容覚が働いているからです。

2つ目はバランスを感じる感覚、「前庭感覚」です。重力に対してまっすぐにバランスを保つ感覚です。転びそうになったときに身体を立て直したり、滑り台を滑るスピードに合わせて姿勢を保ったりするときに使います。

この2つの感覚がうまく働かないと、上手に座れなかったり、動きが乱暴になったり、物によくぶつかったりという困った行動として現れることがあります。

このように、子どもの困った行動の背景には7つの感覚の偏りが潜んでいることがありま

す。そして、子どもの感覚の問題を理解するための理論として、感覚統合理論があります。今回はこの感覚統合理論の考えを用いて、子どものケーススタディをしてみましょう。

●感覚統合について

　感覚統合理論とは、「感覚を通して自分の身体や空間がどうなっているのかを知り、自分の身体をうまく乗りこなせるようにようにする」ための支援理論です。外から取り入れる感覚情報を上手に利用できない子どもの場合、感覚系の育ちの偏りを適切に評価し、その偏りに合った支援の工夫やトレーニング方法を考えていきます。

◎支援のヒント

　Tくんは、さわられることや音に感覚の過敏さがあるのかもしれません。友達の声、ざわざわした教室をとても不快に感じてしまうのではないでしょうか。急にふれられることも同様で、そのために泣いたり、友達を叩いていると考えられます。廊下の隅は、そうした音や友達からの接触を避けて、安心していられる場所と思っているのでしょう。

　苦手な感覚は、その苦手度に寄りそう支援によって過敏さを軽減させることができます。プールなどは少人数で入る機会を設定したり、プールサイドにビニールプールを用意して入るなどの配慮が必要です。そのうえで過敏さを軽減するための取り組みを工夫しましょう。たとえば小麦粉粘土を自分のペースでしっかりとこねるなど、いろいろな感触を楽しくさわる遊びなどの経験を広げていきます。

　また、廊下の隅がTくんの安全地帯になっているのなら、それに代わる適切な「落ち着ける場所」を確保します。つらいときは、そこで気持ちを落ち着けることができる支援を考えるわけです。

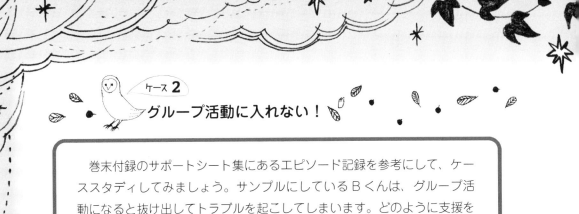

ケース **2**
グループ活動に入れない！

> 巻末付録のサポートシート集にあるエピソード記録を参考にして、ケーススタディしてみましょう。サンプルにしている B くんは、グループ活動になると抜け出してトラブルを起こしてしまいます。どのように支援をしたらいいのでしょうか？

◎支援のヒント

　まず、ここで問題になるのが「なぜグループ活動を抜け出すのか？」という理由です。これはケース 1 と同じように、音に対する過敏性が考えられます。そこで、グループ活動のときは、なるべく静かな環境を調整するようにします。

　身体感覚が育っていないと、自分の身体の境界線がつかめません。ぶつかっても痛みを感じにくい B くんは、人にぶつかっている自覚がないのです。そこで、全身運動をたくさん使う楽しい遊びをすることで、自分の身体の意識を育てます。

　また、社会的マナーとしては、ぶつかった自覚がなくても、ぶつかってしまうことがあり、相手は痛いと感じているということを、ロールプレイなどで体験しながら理解していきます。具体的には次のようにします。

> ①まず、劇をするので、びっくりしないよう伝える。
> ②保育者が気がついていないふりをして B くんにぶつかってみる。
> ③ B くんが痛いと感じたり、びっくりしたら、保育者は「気がつかなかった。でも痛かったんだね、ごめんなさい」と良いモデルを示す。
> ④謝るのが嫌な子どもや負けるのが嫌いな子どもには、謝ったり負けることに対する誇りとプライドをもつようにガイドする。たとえば、「自分は気がつかなくても、相手の気持ちになって謝れるなんて偉いね」「負けても怒らないなんて、さすがお兄さんになったね」などとほめる。
> ⑤役割を何度か交代して、実際にセリフを練習する。

　B くんに理由を聞かず叱ったり、謝ることだけを強要すると、心のなかに「自分は悪くないのに、なぜ自分ばかり」という怒りと悲しみが蓄積され、自尊感情が急速に低下していきます。そこで、B くんの気持ちをよく聞きとり、心情を理解しながら、思いを共有するように心がけます。「見えなかったんだ。それで責められて、つらかったね。次はこんなふうに

避けるといいよ」などと、予防できるように良い行動をガイドしていきましょう。

　また、「何があっても先生はＢくんの味方だからね。困ったら相談に来てね」などと、子どもの安全基地になるように心がけます。発達障がいのある子どもの場合、多くのトラブルはコミュニケーションの勘違いと状況認知の偏りが原因であることが多く、悪意をもって意図的に行動していることは、ほとんどありません。本人の気持ちを聞きとりながら、ほかの子どもへ気持ちの通訳をするといいでしょう。

本を読むのが大好き

ケース **3**

> 　Ｅちゃんは本が大好きで、自由遊びのときはずっと本を読んでいます。外遊びに誘っても嫌がり、部屋のなかでばかり過ごしています。ブロックや工作などもやりたがりません。
> 　また、一斉の活動のサッカーやドッジボールには参加しますが、ボールにはまったくさわりません。絵を描くことにも応じますが、クレヨンが正しく持てず、何を描いているのかもよくわかりません。

◎支援のヒント

　Ｅちゃんは、難しい本も読んで理解することができる能力をもっているのですが、歩きはじめるのが遅かったり、姿勢が崩れやすかったりと、運動面での発達のアンバランスがありました。こうした状態から、バランスを保つ「前庭感覚」や、筋肉や関節に生じる感覚「固有受容覚」が偏っていると考えられました。また、動作や運動を行うとき、目と手を協応する力が弱いとも思われました。そのため、日常生活の動作（クレヨンで絵を描く）や運動（ボールを操作する）などがうまくこなせず、やることを避けてしまっていたのでしょう。

　このケースのような場合、まずは動作や運動のコツを「言葉」で説明するとともに、見本を示したり絵で説明したりして、具体的なイメージをつかめるようにします。

　また、Ｅちゃんが理解して参加できる活動のタイプと量を考えます。ボールなど物を操作する運動より、身体そのものを使って行うマット運動やアスレチックなどの遊具遊びのほうがよいかもしれません。教える量も、子どもが獲得できる量に分割したり、速い動作はスピードを落として教えるなど、支援する大人が配慮してみましょう。

　さらに運動の前に、使う身体の部位にふれたり軽く押したりして刺激を入れておくことで、その部分を動かす意識や準備ができ、身体を動きやすい状況に導くこともできます。

ケース4

一人で遊ぶのが好き？

> Mちゃんは1歳6カ月、お母さんと一緒に地域の子育て支援センターを利用しています。室内用のすべり台を滑ったり、ちょっとした段差を飛び降りたりすることや、容器に物を入れたり、移し変えたりすることが大好きな様子です。好きな遊びを始めると、お母さんが声をかけても、遊びにかかわわろうとしても、母親の存在にまるで気づいていないかのように、黙々と同じ遊びを繰りかえします。「お母さんたちの声かけに喜んで応じている子どもたちを見ていると、センターへ通うのが時々つらくなってしまう」と、Mちゃんのお母さんは言います。

◎支援のヒント

●親子のコミュニケーションについて

　赤ちゃんは3カ月くらいになると、笑ったり、声を出したりして、母親の働きかけに盛んに応えるようになります。このようなかわいらしさに惹きつけられて、母親もまた盛んに子どもに笑いかけたり、話しかけたりしてスキンシップします。そして、言葉を発するよりもずっと前から言葉を理解するようになり、かわいらしい仕草や行動で母親の言葉に応えたり、自分の気持ちを伝えたりするようになります。

　このような子どもの姿は、母親に子育ての喜びをもたらし、子どもを愛する気持ちを育てていくため、親子のコミュニケーションは親と子の双方にとって、とても大事です。ですから、かかわりが難しく、コミュニケーションが成立しにくい子どもの場合は、母親（養育者）の気持ちにも寄り添って、支援を考える必要があります。

●親子をつなぐ音楽遊び

　かかわりが難しいといわれる子どもでも、ぎゅっと抱きしめてもらったり、抱っこで揺らしてもらったり、膝に乗って上下に揺すってもらったりするようなことを好む子どもは意外と多いと思います。わらべうたや遊びうた、遊ばせうたには、子どもが好む身体刺激を伴うものもあり、それらは母子の応答的かかわりやスキンシップを促します。

　好きな刺激を伴う歌あそびを親子で経験すると、お母さんが歌いはじめたり、「～～をす

るよ」の声かけや動作で子どもを誘ったりすると、自分から母親に抱かれたり、膝に乗ったりしてくることがあります。歌が終わって、子どもと目が合ったり、子どもが母親の顔を見たりしたら、もう一回同じ遊びをしてみましょう。母親の顔を見れば、また好きな遊びをしてもらえることがわかると、子どもはお母さんの顔を見て「もう一回」を要求するようになります。

また、言葉や言葉のリズムと身体が直接感じる刺激が一致するような遊びでは、歌をよく聴いて、刺激を期待するようになります。「いっぽんばし」などのくすぐりあそびは、その代表ともいえるでしょう。「こちょこちょ」が近づくと、子どもは母親の顔を見たり、身構えたりするので、母親も子どもの期待を感じ取り、タイミングをずらして「こちょこちょ」をしたりして、楽しいやりとり遊びへと発展していきます。

そして、回ることも子どもが好きな刺激のひとつです。「なべなべそこぬけ」は、最初のうちはぐるっと回されることを楽しむだけですが、数回繰りかえすと「かえりましょ」で自分から回るようになり、歌をよく聴いていることがわかります。

身体刺激を伴うような音楽遊びや歌遊びは、してくれる相手を意識しやすく、よく見たり聴いたりする力を育てます。そして、子どもと通じ合っていることを実感できるので、母親にとってもうれしい遊びです。通常は母子分離通園の保育・療育機関であっても、こういった親子遊びの機会があるといいですね。

●感覚の違いに配慮する

さわられることを嫌がったり、揺れたり体が傾いたりすることを怖がる子どももいます。刺激の種類や強さによっては受け入れられる刺激もありますので、反応を見ながら子どもが好きな遊びを探していきましょう（p.128 ～ 131 を参考にしてください）。

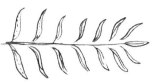

Lesson13 のまとめ

　この章では、ケーススタディをしながら実際によくあるケースについて、どのように支援したらよいのかを、エピソード記録などを生かす方法も交えて学びました。みなさんも保育所や幼稚園などでもケーススタディを行い、多くのケースを研究していくなかで、自分の支援のレパートリーを広げていくように努力しましょう。

　特別な支援を必要とする子どもの支援方法は多様で、一人ひとりの子どもに合わせたオーダーメイドであることが基本です。創造的で楽しい方法ですので、思いついたらぜひ試してみてください。そして、支援が上手にできたら、保護者や周囲の支援者にも伝えることがポイントです。

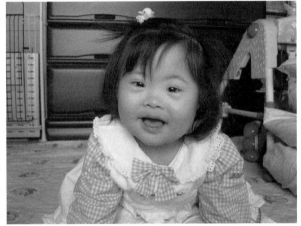

笑顔の素敵なももかちゃん

水遊びをする駿くん。
子どもたちは、お水が大好き！
泳法を無理に教えたりせず、十分水遊びをして素敵な笑顔を引き出しましょう。

LESSON 14

保護者支援と今後の課題

特別な支援を
必要とする子どもの
保護者支援はかかせません。
そこで、保護者について
理解を深め、
支援の方法を学びます。

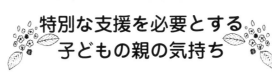

特別な支援を必要とする
子どもの親の気持ち

　障がいが診断されている子どもの数に加えて、診断を受けていなくても特別な支援を必要とする子どもがどれくらいいるのか、正確な数はよくわかっていません。それは支援する側の理解の深さによって、障がいに対する認知度が変化するからです。しかし、診断の有無にかかわらず、特別な支援を必要としている子どもの数は増える傾向にあります。

　文部科学省が2022年に実施した「通常の学級に在籍する特別な教育的支援を必要とする児童生徒に関する調査」では8.8％程度でした。しかし、診断がついている子どもだけでなく、支援の必要性があっても支援を受けていない子どもや、家庭支援の必要な子どもも多く、現在、私が支援をしている新興の地域では、通常学級に支援の必要な子どもが30％近くいます。

　今や特別な支援は珍しいことではなく、だれでも支援の必要な子どもの親になる可能性、だれでも担任になる可能性があるという心構えで学びを深める必要性があります。みなさんは障がいの特性の理解や、支援の方法の基礎的な知識を学んできました。現在、まだ多くの支援を受けるべき親子が孤立し、支援が届いていない状況にあります。乳幼児期の支援は子ども支援だけではなく、家族を含めた支援をしていかなければなりません。とくに、自分の子どもの発達が心配、ほかの子どもと違っているのではないだろうか、育てにくい、自分の子どもをかわいく思えない、という不安や悩みを抱える母親のサポートは、急務で大切な課題となっています。そこで、みなさんも保護者サポートについて学んでいきましょう。

　図14-1を見てください。これは、わが子に障がいがあると診断された母親が自ら作成した心の変化のグラフです。診断される前から気持ちが激しく変動している様子がわかります。障がいが中度から重度の子どもは診断が早くにつきます。その場合は、診断の直後に母親の気持ちの波が落ち込む例が多いですが、障がいの軽い子どもの母親は、診断を受けるまでに迷いと不安が交錯して、さらに気持ちが不安定になります。

　保育所や幼稚園などで子どもの問題行動ばかりを指摘されても、その事実を受け入れられないほうが自然です。子どもは保育の場で初めて集団生活を体験するため、家では集団適応の苦手さに気がつかないのです。

　保育者の言っていることが信じられないという保護者も多いので、保育者が本当に子どものことをよく見ているか、子どもに愛情があるかどうかという点において、信頼を得ることがまず大切です。保護者と保育者との信頼関係づくりは遠回りなようですが、専門機関を紹介したり、療育につなぐことができるかどうかの分かれ道になります。

　乳幼児期に傷つけられた経験をもつ保護者は、学童期になっても学校や先生に不信感をもつことが多く、子どもの二次障がいが深刻化するケースが現在、非常に多くなっています。保育者は子どものためであれば、なおのこと保護者に信頼と安心感をもってもらえるよう、ていねいにコミュニケーションを図ることが大切です。

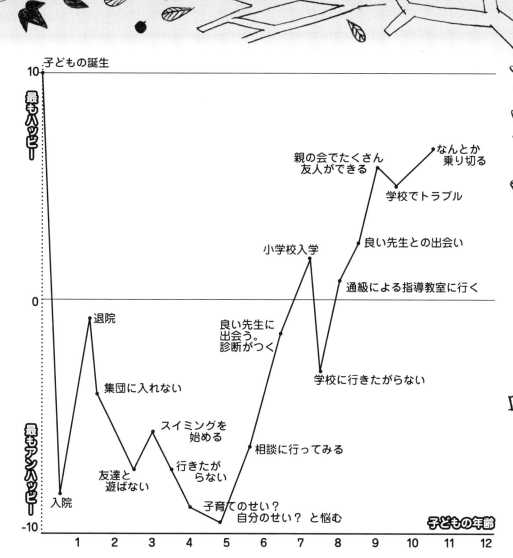

図14-1　子どもの年齢から振りかえる、母親の気持ちの変動グラフ

*お母さんに自分の気持ちの浮き沈みを、子どもが生まれてから現在まで
　平常心を0としてグラフ化していただいたものです。
*これを見ると、つねに気持ちが不安定で、
　ささいな出来事でも気持ちが揺れ動いていることがわかります。

保護者支援はどのように進めるのか

　保護者支援を担任一人で進めるのは、とても困難です。とくに保護者が支援の必要性に気づいてくれない、説明しても受け入れてくれないといった場合には、かならず園全体で信頼関係づくりから始めるようにします。一対一で話し合うよりは、以下のような間接的な信頼関係づくりから試みます。

　たとえば、親同士の茶話会、保護者会、デイキャンプ、子どもの行事などの気軽な集まり

から始めます。そこに親の悩みを気軽に聞いてくれる人に同席してもらい、親同士の悩みや不安を小グループで分かち合い、お互いの信頼関係を構築していきます。また、一般的な研修会や講演会を企画し、園全体で障がいへの理解を深める話を聞くことも効果的です。

　園内だけで自信がない場合は、地域の児童家庭支援センター、療育センター、特別支援学校などに相談してみるのも良い方法です。

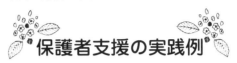
保護者支援の実践例

　東京都のある地域では、サポートの方法を学びたい保護者が集まり、勉強会を始めました。週1回程度、継続的に学ぶなかで、自分の子ども以外の子どものサポーターとして幼稚園や学校などで支援員として活躍しています。さらに、支援員で経験を積んだ人はスペシャルサポーターとして、子育て広場や学校支援の場で保護者の相談やサポートを担当するようになっています。

　このようにして地域の先輩の保護者からサポート方法を学び、自分の子どものサポートの経験が、次の世代の誰かに役立つという流れを地域でつくる試みが、これから行われていくことでしょう。（参考：p.159 サポーター育星プロジェクト研究協会の紹介）

●子育て支援の場における保護者相談

　全国にある子育て支援の場を利用して支援することもできます。たとえば、遊びの広場や子育て支援事業の広場などに、支援方法を学んだサポーターが常駐し、心配ごとや不安なことがある保護者に支援方法を伝授します。必要があれば、療育専門機関、特別支援の専門機関、子育て支援センター、児童相談所などにつなぐことができるため、早期支援に役立ちます。今後、地域での人材育成は、大切な仕事となるでしょう。

●子育て支援ワークショップ

　子育て支援ワークショップでは音楽療法やムーブメント療法を取り入れ、発達障がいの子どもを育てている保護者も参加することを想定した支援方法を伝授しています。これらのワークショップには、温かい雰囲気で母親の悩みを聞いたり、具体的な支援方法を伝えるサポーターやファシリテーター（対立した意見であっても、話し合いや共有をしながら合意形成に導く人）が必要です。今後、それぞれの地域で、子育て支援ワークショップができる人材の育成が行われるようになることでしょう。

　子育て広場で行う予定の「親子レインボーパレット」という子育て支援ワークショップの一部をご紹介します。自分の自尊感情アップの方法、自分の感情のコントロール方法、親子遊びの方法、支援方法の基本などを共に学びながら、地域での支援につなげるため、お互い

知り合えるように自然なガイドをしていきます。

　親子遊び（わらべうた・親子リズムなど）
　母親相談（サポートネットのつくりかたなど）
　親子遊び（音楽ムーブメントで遊ぼう、リラクセーションなど）

　療育につながる前で子育てに不安をもっている親子が、診断の有無にかかわらず、一般的な支援方法を学び合えるワークショップです。（参考：p.159 親子レインボーパレットの紹介）

●音楽療法を取り入れた保護者支援

　音楽は人の心の深い悲しみや不安にふれることができ、言葉ではないコミュニケーションを図ることができます。子育てがつらく大変な母親には、音楽療法はとても効果があります。言葉でつらさを吐き出すように、ピアノ、打楽器、民族楽器などを使って自分の気持ちを吐き出し、時にはセラピストと共に音楽でコミュニケートすることで、自分の気持ちを相手に伝えることができます。

　また、発達障がいのある子どもと保護者の音楽療法セッションでは、親子だけでは見えにくい、集団のなかでの適応力をお互い理解することができ、あわせて自己表現や相手の気持ちの理解を音楽の力を通じて行うことができます。

　言葉だけに頼らない支援は今後、取り入れられていくことでしょう。ヨガ、アートセラピー、アロマテラピー、リフレクソロジーなど、様々なヒーリングや自己表現の方法論から保護者の支援をすることも考えられます。（参考：p.159 星と虹色なこどもたちの紹介）

●療育キャンプ

　親子キャンプは共に宿泊するので、短期間で仲良くなれます。ほかの家族とともに宿泊すると、通常見えにくい親子関係が見えるとともに、ほかの家族の子どもへの対応などが自然に学び合えます。夜は保護者だけの話し合いや分かち合いも導入すると、普段話し合えない悩みなども共有することができ、間接的に子どもへの支援につながります。

　兄弟姉妹への支援も大切です。兄弟姉妹に特別な支援を必要とする子どもがいる場合、自分のことを大切に思ってもらえない、誰かのために自分は我慢しなければならない、と感じて自分を抑圧している子どもが多いからです。兄弟姉妹も、キャンプなどで自分だけのボランティアリーダーなどを独占して、十分に話を聞いてもらうようにします。普段がんばっている人には、誰でもサポーターが必要です。

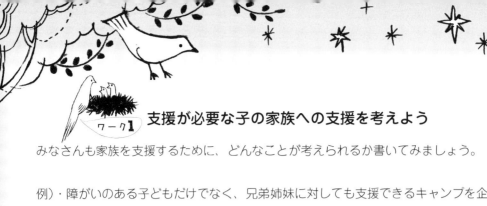

ワーク1 支援が必要な子の家族への支援を考えよう

みなさんも家族を支援するために、どんなことが考えられるか書いてみましょう。

例）・障がいのある子どもだけでなく、兄弟姉妹に対しても支援できるキャンプを企
　　　画してみたい。
　　・地域の児童館や社会教育センターなどに出かけ、ボランティアをしてみる。

自分を大切に思えるよう、
自分のことが理解できる子どもに育てる

　本人は人と違っていることに気がついていないように見えるかもしれません。しかし、多
くの子どもは3歳前後から、自分だけなぜできないのか、なぜ自分ばかり叱られるか、なぜ
仲間はずれになるのか、といったことに気がつき傷ついています。診断名を伝える必要はあ
りませんが、多数派の子どもとどこが違うのか、どうすれば参加できるのか、などを共に考
えていく必要があります。

　大切なのは、自分のことを大切に思う気持ちを育てることです。自分のことを知らないと、
自分や人のことを責めたり傷つけたりすることがあります。

　人と違うのは素晴らしいことです。人と違う才能。人と違う視点。人間はだれ一人として
同じ人はいません。その違いを認め、勇気づけ、励ますことが本当の意味での特別支援では
ないでしょうか。

ユニバーサルデザインを取り入れる

　車椅子の人が一人いたら、生活空間全体を車椅子で使いやすいように段差をなくしバリアフリーにすると、たとえばベビーカーであっても、足をけがしている人であっても、どの人にとっても使いやすいデザインになります。

　このように、様々なニーズの人が生活していることを想定して、最初からだれもが使いやすく、わかりやすいデザインにすることをユニバーサルデザインといいます。

　現在、建物など目に見えるユニバーサルデザインだけではなく、授業づくりなどでも、その考え方が広まっています。たとえば、子どもたちに話すときも、だれもがわかりやすい指示の出し方や話し方、図や写真を使った説明の工夫、柔軟な対応をすることなどを総称してユニバーサルデザインと呼ぶようになってきました。

　保育においても、ロッカーに一人ひとりのマークを決めたシールを貼る、話すときサインや図や絵を使う、歯磨きや手洗いの手順を写真などで順番に示して貼っておくなど、すでに存在していた様々なユニバーサルデザインが発見できます。

ワーク2 ユニバーサルデザインを見つけよう

みなさんの日常生活のなかにもあるユニバーサルデザインを探してみましょう。

例）駅のトイレには車椅子でも入れるスペースが確保されている。

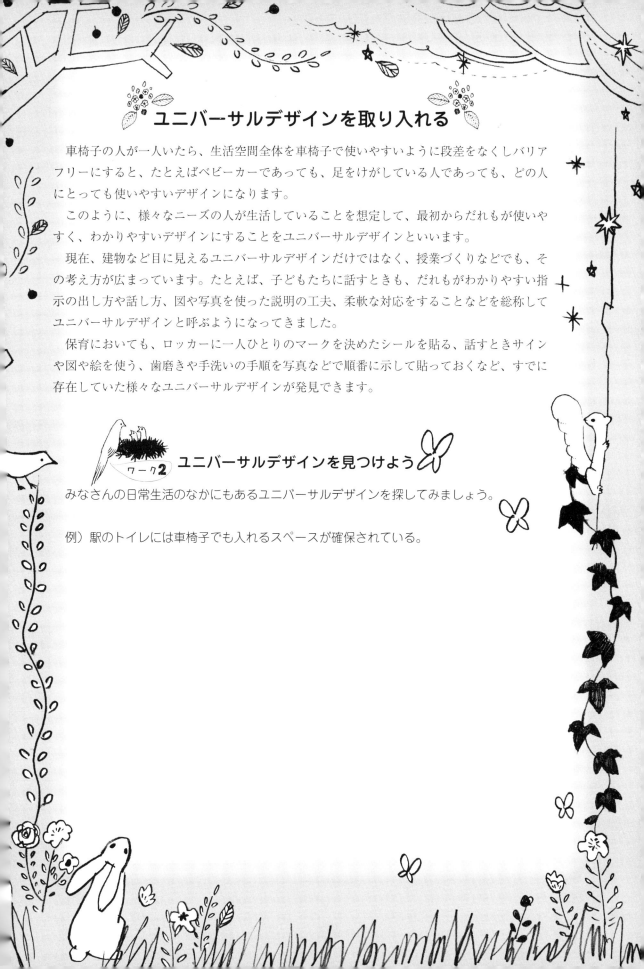

● UDL（学習のユニバーサルデザイン）

　一人ひとりに応じて、工夫、考え方、学び方を創造してみましょう。同じゴールでも多数派とは違う方法を学び、楽しみ、できるようになる創造的なやり方をチームで考えましょう。

Lesson14 のまとめ

　この章では保護者支援の大切さを学びました。保護者も本当はサポートの方法がわからなくて不安になり、苦しい思いをしています。保護者を孤立させたり責めたりしないよう細心の注意を払います。共に学びながら子どもをサポートしていきましょう。

（一般社団法人）星と虹色なこどもたち

hoshiyama-lab.com

　　子ども・支援者の生涯発達を支える実践を行う場として、研究スタジオ（東京都八王子市）をオープンしました。支援のあるなしにかかわらず子どもを支えるサポーター・専門家の人材育成をしています。また、新しい実践フィールドとして、星山の学校（神奈川県葉山）もスタート。保育士等キャリアアップ研修も行います。

♪クリエイティブ音楽ムーブメント

　　赤ちゃんから大人まで楽しみながら、生涯発達を支える創造的なプログラムです。音楽や動きを楽しみ、お互いの自尊感情と創造力を大切に 20 年間、実践研究を続けてきました。現在では子育て支援や療育などの様々な場所でワークショップが行われ、インストラクターやセラピストが活躍しています。

♪子育て支援ワークショップ

　　子育てに大切なことをお伝えできたらいいなと考え、子育て支援ワークショップを新しく開発しました。音楽に合わせて身体を楽しく動かす "クリエイティブ音楽ムーブメント" で、親子がワークショップに参加しながら子育て相談に参加できるよう構成されています。

　　１シリーズ７回で、何度参加しても繰りかえし楽しめる内容になっています。ワークショップに参加して親子で遊ぶうちに、具体的な子育て方法が学べます。

　　セラピストは専門的支援を学んだ経験豊かな方です。どなたでも安心して子育てや発達の悩みや不安を相談することができます。

◆テキスト

『書き込み式子育て手帳　あなたへのおくりもの』

（星山麻木著／河出書房新社刊）

♪発達サポーター講座

　　コミュニケーションや学校生活、学習でサポートが必要な子どもたちのために、サポーターになりたい方が学んでいます。また保育所・幼稚園・小中学校の意欲あふれる先生も、特別な支援を必要とする子どものサポート方法について学ばれています。2007 年からスタートし、修了生が保育所・幼稚園・小学校などでスペシャルサポーター（特別支援士）として活躍しています。

♪（社）子ども家族早期発達支援学会　http://kodomokazoku.jp/

　　この学術団体では早期発達支援士や早期発達支援コーディネーターなどの資格取得ができます。早期支援のエコロジカルデザイン（人間関係に働きかける支援）を学ぶことができます。

おわりに

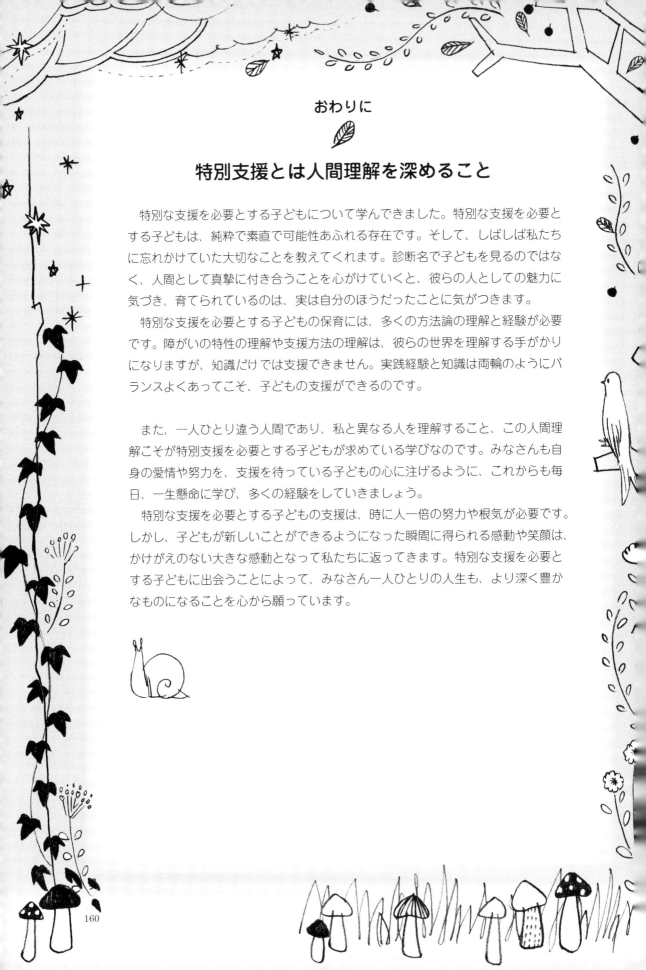

特別支援とは人間理解を深めること

　特別な支援を必要とする子どもについて学んできました。特別な支援を必要とする子どもは、純粋で素直で可能性あふれる存在です。そして、しばしば私たちに忘れかけていた大切なことを教えてくれます。診断名で子どもを見るのではなく、人間として真摯に付き合うことを心がけていくと、彼らの人としての魅力に気づき、育てられているのは、実は自分のほうだったことに気がつきます。

　特別な支援を必要とする子どもの保育には、多くの方法論の理解と経験が必要です。障がいの特性の理解や支援方法の理解は、彼らの世界を理解する手がかりになりますが、知識だけでは支援できません。実践経験と知識は両輪のようにバランスよくあってこそ、子どもの支援ができるのです。

　また、一人ひとり違う人間であり、私と異なる人を理解すること、この人間理解こそが特別支援を必要とする子どもが求めている学びなのです。みなさんも自身の愛情や努力を、支援を待っている子どもの心に注げるように、これからも毎日、一生懸命に学び、多くの経験をしていきましょう。

　特別な支援を必要とする子どもの支援は、時に人一倍の努力や根気が必要です。しかし、子どもが新しいことができるようになった瞬間に得られる感動や笑顔は、かけがえのない大きな感動となって私たちに返ってきます。特別な支援を必要とする子どもに出会うことによって、みなさん一人ひとりの人生も、より深く豊かなものになることを心から願っています。

編著者
星山麻木
Asagi Hoshiyama Ph.D

Lesson 1 ～ 7（執筆者担当箇所以外）
Lesson10～14（執筆者担当箇所以外）
サポートシート集

明星大学教育学部教育学科教授。保健学博士。(社)こども家族早期発達支援学会会長。(社)星と虹色なこどもたち会長。早期発達支援S.V.。日本音楽療法学会認定音楽療法士。映画『星の国から孫ふたり』監修。

東京学芸大学音楽科卒業後、養護学校で音楽教師を務め、退職後、横浜国立大学大学院修士課程（障害児教育）修了、東京大学大学院医学系研究科国際保健学専攻（母子保健学）博士課程修了。メルボルン大学客員研究員（早期介入）。鳴門教育大学障害児教育講座助教授を経て現職。母親のためのサポーター育成、早期発達支援、子育て支援ワークショップの開発、療育や特別支援教育の実践を行っている。

星山研究室HP　hoshiyama-lab.com
YouTube「星と虹色な子どもたち」

執筆者
藤原里美
Satomi Fujiwara

Lesson 8 ／Lesson 9

一般社団法人チャイルドフッド・ラボ代表理事。臨床発達心理士。保育士。早期発達支援コーディネーター。発達支援スペシャリスト。

東京都立高等保育専門学院卒業後、保育士として公立保育園、都立梅ヶ丘病院、都立母子保健院（乳児院）、東京都立小児総合医療センターにて、乳幼児の保育や発達障がい児の療育に携わり、現職。2011年、明星大学通信制大学院修士課程（教育学）修了。発達障がい幼児・学童児の療育実践を中心に、発達支援プログラムの開発、幼児教育者を対象にした療育・支援者の研修プログラムの開発、実践を行っている。

執筆者
伊東祐恵
Yoshie Ito Ph.D

Lesson 4「重症心身障がい」

横浜市西部地域療育センター 理学療法士。教育学博士。保育士。早期発達支援士。

国際医療福祉大学保健学部理学療法学科卒業後、理学療法士としてリハビリテーションセンターや地域療育センターにて小児理学療法や発達障がい児の運動評価、乳幼児の摂食指導に携わり、現職。明星大学通信制大学院修士課程（教育学）修了、明星大学通信制大学院博士課程（教育学）修了、保育士資格を取得。乳幼児期の発達障がい児における運動発達や摂食の研究、実践を行っている。

執筆者
近藤万里子
Mariko Kondo

Lesson 4「言語障がい」

帝京短期大学こども教育学科専任講師。保育士。幼稚園教諭。特別支援学校教諭。早期発達支援士。

大阪教育大学小学校教員養成課程国語専攻を卒業後、特別支援学校で臨時講師を務め、退職後、鳴門教育大学大学院学校教育専攻科障害児教育専攻に入学。修了後、東京都立の特別支援学校や東京学芸大学附属特別支援学校において小学部教諭として勤務。2013年、明星大学通信制大学院（人文学）博士後期課程入学。2016年より現職。保育者養成のため、障害児保育やこどもの言葉について教えている。

執筆者
佐々木沙和子
Sawako Sasaki Ph.D

Lesson 1「その他の特別な配慮が必要な子ども」／Lesson10「地域資源サポートネットワーク」(pp.118-119)

帝京大学教育学部初等教育学科助教。教育学博士。保育士。社会福祉士。精神保健福祉士。早期発達支援コーディネーター。

明星大学通信制大学院修士課程（教育学）・博士課程（教育学）修了。障がい者支援施設や児童発達支援センターなどの福祉・療育現場で保育士・社会福祉士として勤務後、現職。主に保育者養成に携わり、福祉関係や実習指導等の科目を担当。明星大学非常勤講師を兼務。障がい児保育や子どもの発達が気になる保護者支援、ソーシャルワークの観点から研究を行っている。

執筆者
三宅浩子
Hiroko Miyake

Lesson13「ケース4」

（一社）発達サポートラボ・being代表理事。認定心理師。特別支援教育士。早期発達支援コーディネーター。日本音楽療法学会認定音楽療法士。(社)こども家族早期発達支援学会顧問。

国立音楽大学教育音楽科リトミック専攻卒業、明星大学通信制大学院博士課程前期修了、教育学修士。札幌国際大学人文学部准教授、宮崎学園短期大学教授を経て現職。法人が運営する障がい児通所事業「発達サポート being」を拠点として「その子らしさ」を大切にする子ども理解と支援を地域に発信。そして現在も、南九州大学、宮崎学園短期大学非常勤講師として、教員・保育者養成に関わっている。

協力

瑞穂町立石畑保育園
黒葛真理子
草柳栄子
鈴木美奈子

ブックデザイン　岩下倫子
口絵デザイン　荒川浩美（ことのはデザイン）

イラスト　小宮晶
口絵イラスト　相澤るつ子

障害児保育ワークブック
インクルーシブ保育・教育をめざして

2012 年 10 月 17 日	初　版第 1 刷発行
2016 年 4 月 1 日	初　版第 4 刷発行
2017 年 4 月 1 日	第 2 版第 1 刷発行
2018 年 9 月 19 日	第 2 版第 3 刷発行
2019 年 4 月 19 日	第 3 版第 1 刷発行
2023 年 4 月 1 日	第 3 版第 5 刷発行
2023 年 12 月 31 日	第 4 版第 1 刷発行

編著者　星山麻木

発行者　服部直人
発行所　株式会社萌文書林

〒113-0021　東京都文京区本駒込 6-15-11
Tel.03-3943-0576　Fax.03-3943-0567
https://www.houbun.com/
info@houbun.com

印刷　モリモト印刷株式会社

サポートシート集

特別な支援をするときに役立つ、
実際に現場で使用中の
書き込み式シートを集めました。

このシート集のみ**コピーフリー**としますので、
ご活用ください。

みんなで育てるサポートシート（個別の教育支援計画）　Ⅰフェイスシート〈サンプル〉

みんなで育てるサポートシート（個別の教育支援計画）　Ⅰフェイスシート

みんなで育てるサポートシート（個別の教育支援計画）　Ⅱサポートシート〈サンプル〉

みんなで育てるサポートシート（個別の教育支援計画）　Ⅱサポートシート

個別のサポートシート〈サンプル〉

個別のサポートシート

サポートネットづくり〈サンプル〉

サポートネットづくり

個別のサポートシート　伝えたいこと

エピソード記録〈サンプル〉

エピソード記録

一日の気持ちの波

サポートシート記録用紙

個別の支援会議（ケース会議）資料の書き方

みんなで育てるサポートシート（個別の教育支援計画）

I フェイスシート

※保護者の方が記入します。

記入者 _____　記入日 _____

名前（ニックネーム）	性別	住所		生年月日
○○○○　（○くん）　　8 歳	（男）／女	○○市　1-1-1		年　　月　　日
				電話

現在通っている園や学校	現在の担任	通級学級など
組	先生	学級　　　　先生

診断名・手帳（ある場合のみ）	診断を受けた病院・療育機関	主治医・スクールカウンセラーなど
高機能自閉症	○○療育センター　　診断日　平成23 年　3 月 10 日	ドクター

発作　有　（無）
投薬　有　（無）

◎定期的に通っている療育

いつから	平成23 年　4 月　　日〜	担当	どこへ
どれくらいの頻度で	（週）月　1 回		星山こどもクリニック
内容	療育内容		
理学療法	姿勢保持の訓練		

いつから	平成24 年　4 月　　日〜	担当	どこへ
どれくらいの頻度で	週（月）2,3 回	主治医　　先生	センター
内容	療育内容		
小児神経	定期的な相談		

いつから	年　　月　　日〜	担当	どこへ
どれくらいの頻度で	週　月　　回		
内容	療育内容		

いつから	年　　月　　日〜	担当	どこへ
どれくらいの頻度で	週　月　　回		
内容	療育内容		

いつから	年　　月　　日〜	担当	どこへ
どれくらいの頻度で	週　月　　回		
内容	療育内容		

◎療育以外に通っているところ

いつから	平成 20 年　4 月　　日〜		担当	どこへ
どれくらいの頻度で	㊵週　月　1　回		○○先生	星山研究スタジオ
内容	音楽療法とムーブメントのセッション			

いつから	年　　月　　日〜		担当	どこへ
どれくらいの頻度で	㊵週　月　2　回		セラピストK先生	子育て広場
内容	親子レインボーパレットに毎週水曜日に参加。			

私の家族

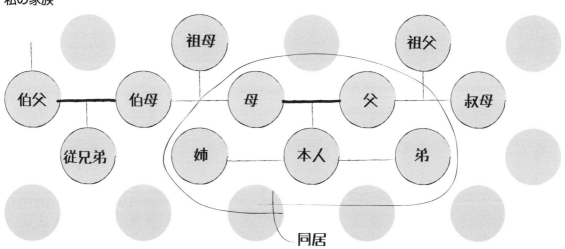

祖母　　祖父
伯父　伯母　母　父　叔母
従兄弟　姉　本人　弟

同居

◎家族支援内容

期間	平成 22 年 4 月　　日〜平成 25 年 3 月　　日	主催
名称	こどものサポート研修	サポーター育星プロジェクト研究協会
内容	子どもに対するサポートの方法を学ぶ基礎講座　全22回受講	

期間	平成 23 年 2 月　　日〜　　年　月　　日	主催
名称	キャンプ	日産労連　・　ナイスハート財団
内容	明星大学の学生ボランティアと共に参加。夜は親講座に参加。	

◎その他

みんなで育てるサポートシート（個別の教育支援計画）

Ⅰ フェイスシート

※保護者の方が記入します。

記入者＿＿＿＿＿＿＿＿＿＿　　記入日＿＿＿＿＿＿＿＿＿＿

名前（ニックネーム）	性別	住所	生年月日
歳	男 女		年　月　日
			電話

現在通っている園や学校	現在の担任	通級学級など
組	先生	学級　　先生

診断名・手帳（ある場合のみ）	診断を受けた病院・療育機関	主治医・スクールカウンセラーなど
	診断日　　年　月　日	

発作	有　無	
投薬	有　無	

◎定期的に通っている療育

いつから	年　月　日〜	担当	どこへ
どれくらいの頻度で	週　月　　回		
内容	療育内容		

いつから	年　月　日〜	担当	どこへ
どれくらいの頻度で	週　月　　回		
内容	療育内容		

いつから	年　月　日〜	担当	どこへ
どれくらいの頻度で	週　月　　回		
内容	療育内容		

いつから	年　月　日〜	担当	どこへ
どれくらいの頻度で	週　月　　回		
内容	療育内容		

いつから	年　月　日〜	担当	どこへ
どれくらいの頻度で	週　月　　回		
内容	療育内容		

◎療育以外に通っているところ

いつから	年 月 日～	担当	どこへ
どれくらいの頻度で	週 月 回		
内容			

いつから	年 月 日～	担当	どこへ
どれくらいの頻度で	週 月 回		
内容			

私の家族

◎家族支援内容

期間	年 月 日～ 年 月 日	主催
名称		
内容		

期間	年 月 日～ 年 月 日	主催
名称		
内容		

◎その他

みんなで育てるサポートシート（個別の教育支援計画）

Ⅱ サポートシート
※保護者・保育者、みなさんで
記入しましょう。

記入者 ＿＿＿＿＿＿＿＿＿＿＿＿　　記入日 ＿＿＿＿＿＿＿＿＿＿＿＿

◎本人・家族の夢や願い

心優しい子に育ってほしい。学校に楽しく通ってほしい。
1つでいいので何か技術を身につけて自立できるようにがんばってほしい。

◎将来についての希望（得意なこと・伸ばしたいこと）

家族から	音楽の才能。即興演奏。計算能力。何か得意なことを生かせたらいい。社会で自立し幸せに生きられるように。
担当者や先生から	英語や音楽が素晴らしいです。良いところを見つめて自分で自分を受け入れられるように支援したい。

◎支援目標と支援の方法（支援者）

平成23 年 4 月　　日〜 平成24 年 3 月　　日　【 1 年間 】

　　　　　　　　　　　　幼稚園　担任　　　　　先生とボランティア学生

支援の目標	友達とのトラブルが多いので、コミュケーションのすれ違いをていねいに説明する。周囲の子どもたちにも理解をうながす。

必要な支援	加配の先生がついた。友達とのトラブルは双方に状況を説明した。なるべく場面を再現して良いモデルを示す。（担任による支援） 自分の怒りの原因や解決方法を説明して、場面ごとにロールプレイしてみる。（ボランティアによる支援）

◎支援目標と支援の方法（支援者）

平成24 年 ○ 月　　日〜 平成25 年 ○ 月　　日　【 1 年間 】

　　　　　　　　　小学校　1 年担任　　　　　先生＋　　　小学校　通級学級担任　　　　　先生

支援の目標	自分に自信がなく、自分から助けてのサインが出せないので、困ったとき助けを求められるように。学校に行きたくない日が多くなった。学校との連携をていねいにする。

必要な支援	個別の学習支援。友達とのコミュニケーションを学ばさせること。周囲の子どもたちへの理解と啓発。

◎支援目標と支援の方法（支援者）

年　　月　　日〜　　　年　　月　　日　**【1 年間】**

小学校　**2**　年担任　　　　　先生＋　　　小学校　通級学級担任　　　　先生

支援の目標	

↓

必要な支援	

◎支援目標と支援の方法（支援者）

年　　月　　日〜　　　年　　月　　日　**【1 年間】**

小学校　**3**　年担任　　　　　先生＋　　　小学校　通級学級担任　　　　先生

支援の目標	

↓

必要な支援	

memo

みんなで育てるサポートシート（個別の教育支援計画）

Ⅱ サポートシート

※保護者・保育者、みなさんで
　記入しましょう。

HOSHIYAMA LAB

記入者 _____　記入日 _____

◎本人・家族の夢や願い

◎将来についての希望（得意なこと・伸ばしたいこと）

家族から	
担当者や先生から	

◎支援目標と支援の方法（支援者）

　　　年　　月　　日〜　　　年　　月　　日　　【1 年間】

幼稚園　担任　　　　　　　先生とボランティア学生

支援の目標	

▼

必要な支援	

◎支援目標と支援の方法（支援者）

　　　年　　月　　日〜　　　年　　月　　日　　【1 年間】

小学校　　年担任　　　　先生＋　　小学校　通級学級担任　　　　先生

支援の目標	

▼

必要な支援	

◎支援目標と支援の方法（支援者）

　　　　年　　　月　　　日～　　　　年　　　月　　　日　【1 年間】

　　　　　　　　　小学校　　　　年担任　　　　　先生＋　　　小学校　通級学級担任　　　　先生

支援の目標	

必要な支援	

◎支援目標と支援の方法（支援者）

　　　　年　　　月　　　日～　　　　年　　　月　　　日　【1 年間】

　　　　　　　　　小学校　　　　年担任　　　　　先生＋　　　小学校　通級学級担任　　　　先生

支援の目標	

必要な支援	

memo

個別のサポートシート

名前 (ニックネーム)		
K ・ H	8 歳	

記入者 ○○ 年 ○○ 組 担任 ○○
有効期限　　　　　年　　　月　　　日まで

1＊得意なこと・伸ばしたいこと

即興音楽など非言語コミュニケーションで相手を理解すること。
英語を一度聞いただけで正確に発音できる。

◎こんなことがありました≫≫≫≫≫≫≫≫≫≫≫≫ 理由と支援方法

2＊自尊感情への配慮

自信がなく、いつも不安。
友達とトラブルを起こすと
不登校気味になる。

存在が認められるようにお手伝いを頼み、
友達の前でほめる。
人前で失敗しないよう配慮する。
トラブルをそのままにしないで、
お互いの気持ちと事実を理解しあうようにサポートする。

3＊感覚の違いへの配慮

聴覚が敏感で
大勢の人がいるところを嫌がる。
グループの話し合いになると抜けだす。

演奏会などでは席に配慮する。
つらいときは我慢しないで逃げる方法を教える。
リソースルームを使うことの検討。
グループごとに少し静かな場所に移って話す。

4＊コミュニケーション

友達の細かな表情が理解できないため、
勘違いしていることが多い。
言葉の聞き違いが多い。

こういう場面では相手の子は
こんなことを考えているのだ、
ということを善意で通訳する。
どうすれば相手に伝わるのかを具体的に教え、
小グループで練習する。

5＊集団適応

みんなで遊んだり、
集まる場面になると抜け出す。

次に何をしたらいいのかわからないので、
先に何をするのか具体的に伝える。
選択肢から選ぶ。苦しくなったら、
自分から合理的な方法（水を飲む、保健室に行く）で
集団から抜ける方法を教える。

6＊生活

宿題をどこに出していいのかわからない。
次の日の時間割がわからなくて不安。

宿題提出用のファイルボックスをつくる。
言葉だけの説明ではなく、
写真や図を貼っておく。
週の時間割を前の週に渡す。
できたら、こまめにほめる。

7＊運動（発達性協調運動）

バランスがとれない。 ボールなどを取るのが苦手。 協調運動ができない。

→

目と手の運動をうながす遊びを取り入れる。 自分で課題を設定し、挑戦できる機会をつくる。 目と手の協応をうながすリズム遊びや、 空間認知をうながすパズルなど教材を工夫する。

8＊学習（視知覚・読み方・書き方・思考など）

視知覚（形の見え方）に違いがある。 線の重なりなどが見えにくい。 黒板の字を写すのに時間がかかる。 教科書の文字を飛ばして読む。

→

大きなマス目のノートにサインペンで書く。 拡大コピーをする。読んでいるところを囲む。 あるいは読んでいる行だけ読めるように左右の行を隠す。 視知覚練習のワークやブロック遊びをする。

9＊そのほか

初めて行うゲームのルールが 理解できない。 作文や自由画、話し合いになると 寝てしまう。

→

ルール説明や話し合い方法は 前もって視覚化して説明する。 絵や写真などを使って本人がわかるようにガイドする。 作文や自由画は、 いくつかの選択肢のなかから選んで書けるようにする。

◎気がついたこと

今まで問題行動ばかり見ていたが、理由を考えるようにすると支援方法の幅が広がった。

◎個別の支援で工夫したこと

支援員さん、ボランティア、コーディネーター、担任が打ち合わせや情報共有することを心がけ、 共通の目標や方針をもつことができた。

◎授業で工夫したこと

黒板に書くとき、45分の流れを事前に説明し児童にとっての目標を明確にした。重要なことは黄色の線で囲む。 宿題を書く位置を決めた。プリントは3種類を準備した。15分で学習活動の形態を切りかえるようにした。

◎学級経営で工夫したこと

一人ひとりの宝物、好きなこと、得意なことを発表しあい、お互いの良さを認めあう。児童の良いところや がんばっているところを意図的に話す。クラスでもお互いの良いところを発見する工夫をする。

◎今後の課題

勤務時間の関係で支援会議の時間が取れない。10分でも定期的に関係者全員で会議を行いたい。

個別のサポートシート

HOSHIYAMA LAB

名前 (ニックネーム)	
	歳

記入者　　　年　　　組　担任

有効期限　　　　　　年　　　月　　　日まで

1＊得意なこと・伸ばしたいこと

◎こんなことがありました ≫≫≫≫≫≫≫≫≫≫≫ 理由と支援方法

2＊自尊感情への配慮

3＊感覚の違いへの配慮

4＊コミュニケーション

5＊集団適応

6＊生活

7＊運動（発達性協調運動）

8＊学習（視知覚・読み方・書き方・思考など）

9＊そのほか

◎気がついたこと

◎個別の支援で工夫したこと

◎授業で工夫したこと

◎学級経営で工夫したこと

◎今後の課題

サポートネットづくり

連携ができているところにラインを引きます。
連携をしなければならないと思うところに……を引きます。
できるところから連携を始めてみましょう。

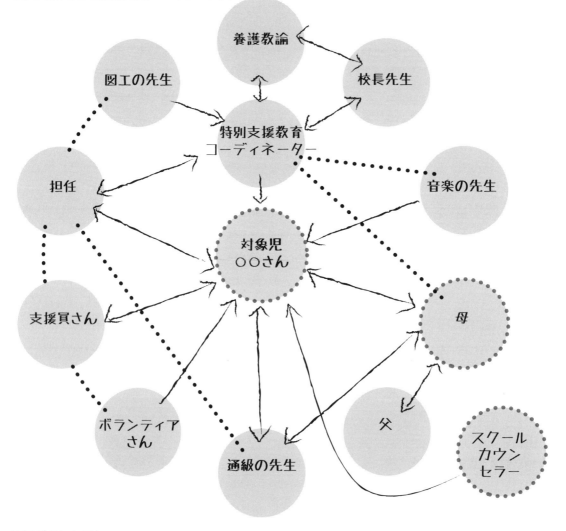

◎気がついたこと

> 担任、通級の担任、支援員さん、ボランティアさんなどの連携ができていないところがあった。
> 子どもとはつながっているが、大人同士は連携があまり良くない。
> 良いチャンネルでつなげるようにサポートしてみたい。

◎改善されたこと

> 周囲の先生たちや保護者、支援員さんと相談するようになってから、
> 行動の改善が見られるようになった。

◎今後の課題

> お互い忙しくて遠慮してしまうので、隙間時間でも情報交換するように努める。
> 個別の指導計画を共に作成し、実行したい。

サポートネットづくり

連携ができているところにラインを引きます。
連携をしなければならないと思うところに……を引きます。
できるところから連携を始めてみましょう。

HOSHIYAMA LAB

担任

対象児

さん

◎気がついたこと

◎改善されたこと

◎今後の課題

個別のサポートシート　伝えたいこと

HOSHIYAMA LAB

1＊得意なこと・伸ばしたいこと

2＊自尊感情アップに関すること こんなことがありました	なぜそうなるのか、考えられる原因は？	こんなふうに支援すると大丈夫

3＊感覚の違いに関すること こんなことがありました	なぜそうなるのか、考えられる原因は？	こんなふうに支援すると大丈夫

4*コミュニケーションに関すること こんなことがありました	なぜそうなるのか、考えられる原因は？	こんなふうに支援すると大丈夫

5*集団適応に関すること こんなことがありました	なぜそうなるのか、考えられる原因は？	こんなふうに支援すると大丈夫

6*生活に関すること こんなことがありました	なぜそうなるのか、考えられる原因は？	こんなふうに支援すると大丈夫

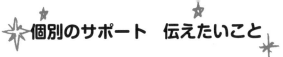

個別のサポート　伝えたいこと

HOSHIYAMA LAB

7＊運動に関すること　こんなことがありました	なぜそうなるのか、考えられる原因は？	こんなふうに支援すると大丈夫

8＊学習に関すること　こんなことがありました	なぜそうなるのか、考えられる原因は？	こんなふうに支援すると大丈夫

9＊その他　こんなことがありました	なぜそうなるのか、考えられる原因は？	こんなふうに支援すると大丈夫

エピソード記録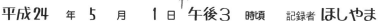

平成 **24** 年 **5** 月 **1** 日 午後 **3** 時頃　　記録者 **ほしやま**

◎こんなことがありました

● 子どもたち同士で話し合いをする場面があり、今まで良い感じでグループ活動を楽しんでいたのに、話し合いが始まったとたん部屋から出ていってしまう。

● そのあと A ちゃんとトラブルになり、ぶつかっていないのに A ちゃんがぶつかってきたと言う。A ちゃんに聞くと、「B くんが思い切りぶつかってきたのに、謝らない」と言うので、謝るように言う。

● すると B くんは激怒して、近くにいた C ちゃんを叩いてしまった。

● C ちゃんの母が保育所に電話してきて、「B くんの度々の問題行動が許せないので、保育所を替わるように他の母達も望んでいる」と、B くんの母親に伝えてほしいと言う。

◎こんな支援をしたら、うまくいった

● 子どもたちの話し声が響くので、聴覚過敏の B くんにはつらかった。そのため、子ども同士の話し合いのときには、静かに話す子どもを近くにして別室で話し合うようサポートした。穏やかに話し合いに参加できた。

● B くんは視野が狭く、身体感覚で痛みは感じにくいために、ぶつかったことに気がついていない。パペットを使い、ぶつかるとお友達が痛いことを伝える。ロールプレイで役割を交代しながら、身体の距離の取り方を教える。また、わざとではなくても、ぶつかったら「見えてなかった、ごめんなさい」と言えたら偉いと教える。

● 子どもたちに自分の悲しみや怒りは、先生に気持ちを話すように伝える。自分では気づかないのに、みんなに責められる B くんの気持ちを理解してもらう。

● 園全体の保護者会で勉強会をする。保護者サポートグループを立ち上げる。

◎支援者が学んだこと

● グループでの話し合いは雑音にしか聞こえない（聴覚過敏）。静かなところに移動する。

● 身体感覚が違うので痛みを感じない。ぶつかってもわからないので、予防するため具体的に友達との距離の取り方を教える。

● 問題行動は責めたり叱る前に、本人の気持ちや理由を理解する。自分ではぶつかった自覚がないことと、どうすればよかったのかを教える。

● 園全体でサポートできるよう、ロールプレイを含めた啓発を保護者全体に行う。

エピソード記録

年 　　月 　　日 　　　時頃 　記録者

◎こんなことがありました

◎こんな支援をしたら、うまくいった

◎支援者が学んだこと

一日の気持ちの波

■ p.153 の図 14-1 「子どもの年齢から振りかえる、母親の気持ちの変動グラフ」を参考に、子どもの気持ちの波を記録してみましょう。

年　　月　　日　　記録者

その他の記録

担任コメント

memo

朝　9時　10時　11時　12時　1時　2時　3時　4時

memo

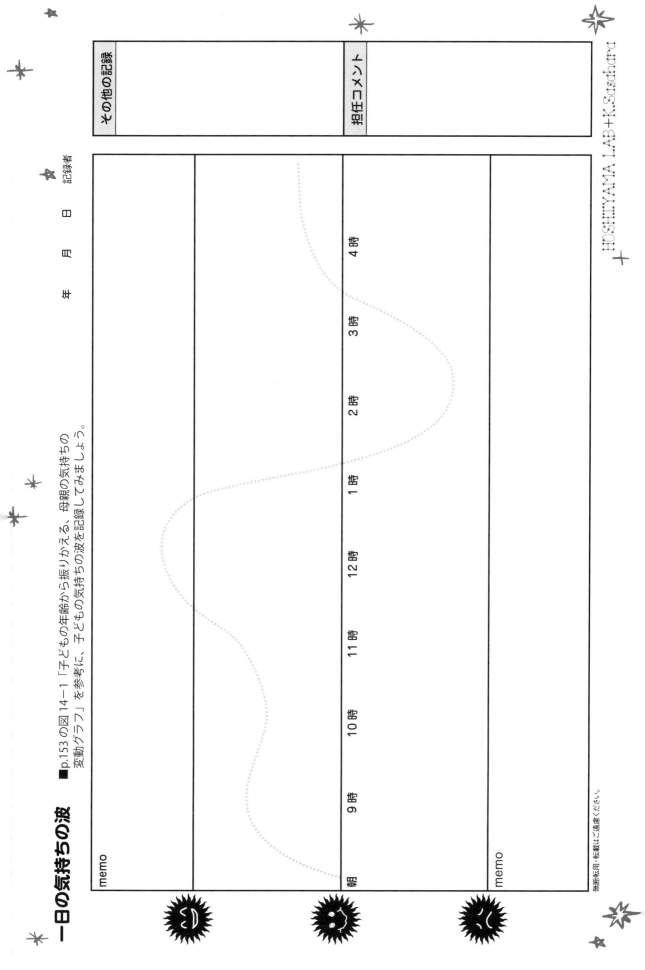

HOSHIYAMA LAB＋K.Sasahara

サポートシート記録用紙　　＿＿＿＿＿年度の様子

HOSHIYAMA LAB
＋M.Kobayashi

　　　年　　　月　　　日 記入　　記録者 ＿＿＿＿＿＿＿＿＿＿＿＿＿＿＿＿＿＿＿

子どもの名前	性別	通っている園や学校	担任
歳	男 女	組	先生

子どもの様子・環境

㉔：学習　　㉔：運動・手先　　㉔：学習・生活　　㉔：感覚　　㉔：コミュニケーション　　㉔：自尊感情

こんなことがありました ➡ こうかかわりました

有効だったかかわり方

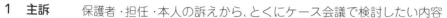

個別の支援会議（ケース会議）資料の書き方

1 **主訴**　保護者・担任・本人の訴えから、とくにケース会議で検討したい内容

2 **家族構成**　ケース会議の参加者が共通理解すべき情報に絞る

　　　　　　個別の教育支援計画シートを添付してもよい

3 **成育歴**　ケース会議の参加者が共通理解すべき情報に絞り、年代別に要約

　　　　　　現在通っている療育機関や相談相手などのサポートネットがあるとより良い

4 **心理検査**　できれば最新の結果、実施日をかならず入れる。別紙に添付も可能

　　　　　　小中学生であれば、一般的なものはWISC −ⅢまたはⅣ、K −ABC など

5 **本人の実態と経過**　　個別のサポートシートを参考に重点項目から記載。添付でもよい

　　1）性格や能力の特徴や長所・好きなこと……趣味・部活など含め

　　2）自尊感情…………………情緒の安定の源

　　3）感覚の違い………………音への過敏性・視知覚・味覚・身体感覚の違いなど

　　4）コミュニケーション……友人関係や社会性の源

　　5）集団適応…………………出席状況、パニックの有無、新しい場所への慣れ方

　　6）生活………………………整理整頓や態度など

　　7）運動………………………手と目の協応・不器用さ・バランス・微細運動など

　　8）学習………………………記憶・数・読む・書く・話す・推論など。動機づけや科目ごと

　　　　　　　　　　　　　　の困っているところなど詳しく。中学は成績

6 **支援目標と手立て**　　通常学級・通級による指導教室・家庭での様子を総合する課題確

　　認の様子と支援の手立てを考える（支援の対象となる行動や支援方法を考える）

　　欲ばりすぎない。参加者一人ひとりができること、支援項目の優先順位を決める

7 **支援環境の調整（サポートネットづくり）**

　　保護者に対してできること

　　担任ができること

　　コーディネーターができること

　　担任以外の教員ができること

　　支援員ができること

　　ボランティアができること

　　管理職ができること

　　地域でできること（専門相談・専門支援・おけいこなど）

ケース会議や支援会議に提出する資料の参考例です。ケースで共有したいこと、支援の課題が明確になるように
書きます。決まったフォーマットがあるわけではありませんので、それぞれのケースに合わせて書いてください。